A CIÊNCIA DAS BOAS DECISÕES

A CIÊNCIA

COMO O ESTUDO DA PERSONALIDADE
PODE TE AJUDAR A SER BEM-SUCEDIDO
NOS NEGÓCIOS

DAS BOAS

RICHARD DAVIS

DECISÕES

Tradução
Edmundo Barreiros

Rio de Janeiro, 2025

Copyright © 2024 by Richard Davis. Todos os direitos reservados.
Copyright da tradução © 2025 por Casa dos Livros Editora LTDA. Todos os direitos reservados.

Título original: *Good Judgment*

Todos os direitos desta publicação são reservados à Casa dos Livros Editora LTDA. Nenhuma parte desta obra pode ser apropriada e estocada em sistema de banco de dados ou processo similar, em qualquer forma ou meio, seja eletrônico, de fotocópia, gravação etc., sem a permissão dos detentores do copyright.

COPIDESQUE	Marina Saraiva
REVISÃO	Elisabete Franczak Branco e Aline Graça
CAPA	Adaptada do projeto original de Joanne O'Neill
ADAPTAÇÃO DE CAPA	Estúdio Insólito
IMAGEM DE CAPA	© Adél Békefi/ Getty Images
DIAGRAMAÇÃO	Abreu's System

Dados Internacionais de Catalogação na Publicação (CIP)
(Câmara Brasileira do Livro, SP, Brasil)

Davis, Richard
  A ciência das boas decisões : como o estudo da personalidade pode te ajudar a ser bem-sucedido nos negócios / Richard Davis; tradução Edmundo Barreiros. – Rio de Janeiro: HarperCollins Brasil, 2025.

  Título original: Good judgment.
  ISBN 978-65-5511-668-7

  1. Personalidade – Aspectos psicológicos 2. Psicologia comportamental 3. Sucesso nos negócios 4. Tomada de decisão – Aspectos psicológicos I. Título.

25-246914   CDD-153.83

Índice para catálogo sistemático:
1. Tomada de decisões : Psicologia   153.83
Bibliotecária responsável: Eliane de Freitas Leite – CRB 8/8415

Harper Business é uma marca licenciada à Casa dos Livros Editora LTDA. Todos os direitos reservados à Casa dos Livros Editora LTDA.

Rua da Quitanda, 86, sala 601A – Centro
Rio de Janeiro/RJ – CEP 20091-005
Tel.: (21) 3175-1030
www.harpercollins.com.br

A Eva, Brandon, Aaron e Lauren,
que me inspiram de infinitas formas.

Sumário

	Nota ao leitor	9
	Introdução	11
CAPÍTULO 1	Personalidade > QE	27
CAPÍTULO 2	O Mapa da Personalidade	59
CAPÍTULO 3	Os segredos para conversas reveladoras	93
CAPÍTULO 4	A coisa certa	125
CAPÍTULO 5	Preparando relacionamentos para o sucesso	157
CAPÍTULO 6	Melhorando a performance	179
CAPÍTULO 7	Influenciando os outros	211
	Conclusão: Perceptividade como um hábito	237
	Agradecimentos	241
	Notas	243

NOTA AO LEITOR

Ao longo deste livro, conto histórias de meus clientes — os bons, os maus e os feios. Estas são histórias verídicas sobre pessoas reais. Em alguns casos, alterei nomes e outros detalhes de identificação em razão da confidencialidade. Em outros, consegui citar mais abertamente. Independentemente disso, espero que estas histórias ajudem a transmitir meu ponto fundamental sobre a importância da perceptividade. Todos enfrentamos escolhas difíceis em relação às pessoas com quem lidamos em nossas vidas. Se escolhermos de forma correta, no fim vamos ficar mais felizes e ser mais bem-sucedidos.

INTRODUÇÃO

Entre o fim dos anos 1970 e início dos 1980, quando eu era garoto, meus pais e eu íamos a jogos de hóquei, shows e outros eventos juntos, fazendo longas viagens de metrô pela minha cidade natal, Toronto, no Canadá. Para passar o tempo, minha mãe e eu jogávamos o que chamávamos de "O jogo". Quando alguém com aparência intrigante se sentava a nossa frente, minha mãe me cutucava com o cotovelo e sussurrava: "O que você acha?". Essa era minha deixa para inventar uma narrativa elaborada que fosse bastante plausível, mas totalmente teórica, sobre esse estranho.

Vamos dizer que era uma tarde de domingo, e um homem de negócios de quase 30 anos vestindo um terno de risca de giz sob medida embarcou carregando uma pesada sacola de compras de mercado. Esse homem tinha cabelo escuro, era magro e usava aliança. Estava recém-barbeado e, além das compras, levava uma pasta de couro que parecia nova. Ele parecia cansado e um pouco agitado.

Depois de sentir o cotovelo de minha mãe, me inclinaria para perto dela e murmuraria algo como: "Ok, o nome do cara é Mike e seu sobrenome é... Simpson. Mike trabalha em um banco, e sua esposa, que se chama Cheryl e também trabalha no banco, está no oitavo mês de gravidez. Embora seja domingo, o desagradável chefe de Mike o mandou ir ao escritório para terminar um grande projeto. Seu chefe é da velha guarda, por isso espera que Mike se vista formalmente".

Depois de lançar um olhar furtivo para "Mike", minha mãe assentiria e me estimularia a continuar.

"Então, o que aconteceu", eu diria , "é que Mike e seu chefe tinham acabado de começar o trabalho quando Cheryl ligou. Estava se sentindo mal e com desejo de comer picles e sorvete. Ela perguntou se Mike faria a gentileza de levar isso para casa, assim como outros produtos de que eles precisavam. Mike é um cara legal e profundamente apaixonado pela esposa — ele simplesmente não consegue dizer não para ela. Então, mesmo sabendo que teria problemas com o chefe, ele se desculpou e foi comprar o picles e o sorvete."

Essas histórias seguiam assim por um bom tempo. Quando "Mike" desembarcava em sua estação e alguém com uma vibe interessante se sentava, nós começávamos uma nova história e a desenvolvíamos até onde conseguíamos. Isso era muito divertido, e as viagens de metrô passavam rápido.

Por muitos anos eu não pensei muito nessas histórias. Nosso jogo era apenas isso… um jogo. Quando cheguei aos 20 anos, porém, percebi que essa distração tinha me ensinado a ser extremamente observador em relação ao mundo a minha volta e, talvez ainda mais importante, a desenvolver um rico vocabulário para descrever pessoas. Aonde quer que eu fosse, costumava perceber os outros e seu comportamento, até os mínimos detalhes — como falavam, o modo como se comportavam, de que forma se vestiam, como os outros reagiam a eles.

Na verdade, eu nunca parei de jogar "O jogo". Não é muito exagero dizer que hoje ganho a vida fazendo isso. Sou um psicólogo organizacional especializado em avaliação de personalidade. Traços de personalidade determinam nossos comportamentos, abarcando nossas motivações, valores, inclinações sociais, reações a crises ou complexidades e padrões de pensamento, entre outras coisas. Se você quer tomar decisões embasadas sobre pessoas, precisa ser capaz de prever como elas provavelmente vão se comportar. E a melhor maneira de fazer isso é entender a personalidade delas.

É possível dizer, de um jeito mais incomum, que, com a ajuda de ciência bem estabelecida e de experiência engenhosa, eu trabalho julgando pessoas. Algumas das maiores e mais conhecidas empresas do mundo me contratam para avaliar rapidamente candidatos a cargos de liderança e parceiros em potencial antes de tomar uma decisão, para que seja mais bem embasada. Eu também treino CEOs de alto perfil e seus executivos principais, ajudando-os a melhorar seu jogo e a navegar pelas complexidades do trabalho. Meu valor para esses líderes está em minha habilidade em gerar insights penetrantes sobre quem eles são, o que os move e que imagem eles transmitem para os outros. Aplicando o que podemos chamar de *perceptividade* — a habilidade de perceber a personalidade dos outros e prever com nível razoável de segurança seu comportamento com base nessa personalidade —, eu desenvolvo uma leitura precisa dos traços inerentes a meus clientes e aconselho esses líderes de acordo com isso.

Essas avaliações com base na ciência têm aplicações práticas importantes. Muitas das empresas com as quais trabalho enfrentam decisões de negócio de importância crítica sobre pessoas, como qual candidato devem contratar como seu novo CEO, se devem adquirir outra empresa e sua equipe de liderança, ou de que forma devem lidar com questões pessoais difíceis. Ao tomar essas decisões, meus clientes normalmente levam em consideração critérios lógicos, como experiência pessoal e desempenho anterior, formação acadêmica, impacto interpessoal, habilidade de pensamento estratégico, reputação profissional e assim por diante. Cada vez mais as empresas também levam em conta fatores como a "inteligência emocional" de um indivíduo (mais sobre esse conceito — e suas deficiências — posteriormente) e seus valores pessoais. Antes de essas empresas agirem, entretanto, elas me chamam para explorar a *personalidade* das pessoas que vão contratar ou em quem vão apostar, porque a personalidade é o que verdadeiramente separa candidatos de sucesso do restante. Esses indivíduos têm o temperamento e as inclinações comportamentais de que vão precisar para ser bem-sucedidos? Caso contrário, é preciso saber agora. Em caso afirmativo, o que as empresas precisam fazer desde o início para integrar essas novas contratações de forma mais tranquila em sua organização?

Minhas conclusões com frequência têm impactos profundos, tanto pessoais quanto comerciais. Podem alavancar ou encerrar a carreira de uma pessoa. Uma empresa ou equipe pode ter sucesso ou falhar, pode ser adquirida ou simplesmente ignorada. Em meu processo de avaliação, administro testes psicológicos para chegar a uma compreensão genérica da personalidade de um indivíduo, mas a verdadeira magia está em uma entrevista de três horas muito específica que desenvolvi ao longo de minha carreira. Durante essa sessão semiestruturada, demonstro curiosidade sobre a jornada da pessoa entrevistada e peço que ela me leve cronologicamente por sua história. Nossa individualidade é, de muitas maneiras, uma junção de nossas vivências, então peço aos entrevistados que descrevam experiências importantes que tiveram. Essa entrevista é semiestruturada porque, enquanto segue uma metodologia deliberada, minha intenção é que seja natural e flexível. Não é um encontro formal, como no caso de uma entrevista de emprego, mas uma espécie de conversa casual e reflexiva que se espera ter enquanto bebe uma cerveja ou uma taça de vinho.

Durante essa avaliação, pergunto à pessoa sobre seus pais, sua infância, como foi a faculdade para ela, e assim por diante. Eu indago sobre decisões que ela tomou, os amigos que tem e os valores que aprendeu na infância. Peço que reflita sobre como suas experiências de vida influenciaram quem é hoje. Em vez de contar com uma lista pronta de perguntas e tentar obter respostas específicas, eu faço apenas os questionamentos certos para revelar a verdadeira personalidade dela. Ao processar as respostas, concentro-me diretamente em sua personalidade — o quanto é diligente, o quanto gosta de sair, o quão é propenso ao pensamento estratégico e muito mais — para entender se esse indivíduo tem as características específicas exigidas por meu cliente, e mais ainda: se expressam esses traços de maneira apropriada aos objetivos de meus clientes.

O conselho diretor de uma empresa pode precisar que seu próximo CEO seja firme, focado e um excelente comunicador. Investidores apoiando uma startup podem desejar que seu líder seja não apenas um visionário, mas também capaz de trabalhar bem com outras pessoas e aceitar feedback construtivo, e assim por diante. Será que os indivíduos sob análise se encaixam nesses critérios? Ou possuem alguma característica que, levando-se em conta o papel específico que vão desempenhar, pode se revelar destrutiva? Eu avalio indivíduos em busca de traços relevantes que eles possam ter e dou a meus clientes uma resposta clara: sim ou não.

Ao longo das últimas duas décadas, avaliei milhares de indivíduos para empresas de diversos setores: esportes, tecnologia, moda e finanças, em todos os continentes, exceto a Antártida (embora eu tenha visitado o lugar como turista e ele seja incrível!). Quando clientes ignoram minhas recomendações — por exemplo, ao contratar alguém cuja personalidade eu considere inadequada para o papel que está sendo considerado —, eles quase sempre descobrem que os traços sobre os quais os alertei voltam para assombrá-los.

Um cliente meu, um fundo de investimentos, estava prestes a investir em uma empresa de crescimento acelerado que, após comprar diversas clínicas médicas menores por todo os Estados Unidos, as estava administrando como uma organização única. Em geral, o valor de clínicas médicas reunidas supera significativamente o valor de quando são administradas como negócios independentes. Se essa empresa conseguisse acelerar seu processo de aquisição e integração de clínicas, o fundo de investimentos ganharia dezenas de milhões de dólares ou mais com o negócio. Estratégias similares de consolidação (ou *roll-up*) com empresas de saúde criaram bilhões de dólares de receita.

Quando o fundo de investimentos me abordou, eles já tinham uma análise financeira detalhada, um plano estratégico traçado e uma pesquisa jurídica concluída. Tudo parecia bom, e eles estavam prontos para fechar o negócio. Mesmo assim, como parte de sua estratégia cuidadosa, eles queriam confirmar mais uma coisa: se os líderes dessa empresa tinham o que era necessário para executar a estratégia proposta e escalar o negócio de acordo com suas expectativas.

Depois de entrevistar os principais agentes por várias horas e aplicar a estrutura que você vai aprender neste livro, identifiquei um grande problema. O CEO da empresa médica — vou chamá-lo de Jay — era inteligente e bem-organizado, mas tinha traços de personalidade que o impediriam de fazer aquela empresa crescer. Cético por natureza, seus pontos de vista eram fortes, e ele não mudava de ideia com facilidade. Em vez de abraçar a mudança e buscar o progresso, o CEO gravitava na direção da tradição e do que tinha funcionado no passado. Jay também tinha uma personalidade espinhosa — reservado, contido, sem empatia. Embora se preocupasse com os outros, não demonstrava. Por fim, ficou óbvio que Jay não estava muito motivado por interesses comerciais (sim, fundos de investimentos querem que seus CEOs sejam motivados por dinheiro), nem mesmo por uma paixão pelo trabalho. O que lhe interessava era manter uma sensação de independência, de estar no controle de seu destino. Ele só queria fazer as próprias coisas.

Com base em minha avaliação, concluí que Jay não conseguiria fazer sua empresa crescer muito mais do que já tinha feito. Seu sucesso em convencer médicos a vender suas clínicas para sua empresa parecia bom no papel, mas ele havia contado com relacionamentos pessoais duradouros, e não com uma estratégia sólida de aquisição. Jay não tinha as habilidades pessoais nem a flexibilidade para vender sua estratégia a médicos em todo o país, nem seria capaz de se adaptar bem às novas exigências de gestão de uma organização muito maior. Ele seria um sócio terrível para meu cliente do fundo de investimentos. Como precisava de autonomia e não gostava muito de feedback, Jay se sentiria sufocado com a participação de meu cliente e de outros membros do conselho diretor da empresa, apesar da intenção positiva deles. Ao ver os conselhos da mesa diretora como contrários a sua independência, ele provavelmente os rejeitaria de imediato.

Então aconselhei o fundo de investimentos a não fechar o negócio. Meus clientes ficaram tensos com meu parecer. Eles já tinham investido centenas de milhares de dólares na auditoria do negócio, que parecia bom no papel. No fim, eles me escutaram. A parte boa: outros investidores puseram dinheiro nessa empreitada e, alguns anos mais tarde, ela afundou completamente porque Jay e sua equipe não conseguiram fazer o negócio crescer, como eu tinha previsto com base em minha avaliação sobre ele. "Graças a Deus não fechamos esse negócio", disse meu cliente mais tarde. "Nós teríamos perdido muito."

A habilidade de ler a personalidade de outras pessoas com rapidez e precisão, superando opiniões preconcebidas e preconceitos que possam afetar nossa percepção, é essencial na hora de tomar decisões e gerir relacionamentos, tanto profissionais quanto pessoais. Eu diria que isso está entre os aspectos fundamentais do julgamento, e talvez seja uma das mais relevantes habilidades humanas no geral. Possuir outras características relacionadas a julgamentos, como a capacidade de raciocinar de modo crítico, ter visão de longo prazo, gerir riscos e pensar de forma ética, ajuda-nos a tomar boas decisões. Mas as decisões mais difíceis e importantes que encaramos — com quem casar, qual emprego escolher, qual sócio ter nos negócios, que tática adotar em uma grande negociação — quase sempre dependem de julgamentos que devemos fazer sobre as pessoas envolvidas. Bom julgamento é, em essência, o bom julgamento de *pessoas*. Quanto a isso, a habilidade humana pré-histórica de determinar se uma pessoa é amiga ou inimiga evoluiu ao longo do tempo para se tornar uma ferramenta poderosa que separa aqueles que prosperam daqueles que permanecem no mesmo lugar.

A essa altura, você pode estar pensando sobre outra habilidade associada ao julgamento e muito discutida: a inteligência emocional (QE, de Quociente Emocional). Durante as últimas duas décadas, pessoas que ajudaram a popularizar o QE o apresentaram como um remédio para qualquer coisa que tenha impacto negativo em comportamento pessoal e de liderança. Sem dúvida alguém que está lendo este livro acredita que todos precisamos de QE para tomar decisões mais acertadas e termos melhor performance. Deixe-me afirmar aqui que, como psicólogo cujos colegas às vezes foram enganados de forma semelhante, aquilo que vocês ouviram falar sobre inteligência emocional é exagerado ao extremo e minimamente eficaz. O QE parece bom e certo, e podemos desejar que fosse um conceito real em sua forma popularizada, mas não é.

Um princípio básico do QE é o valor das emoções no comportamento humano. Eu concordo totalmente: emoções são importantes, e a habilidade de ler e responder às emoções dos outros é a essência da empatia. Entretanto, como são transitórias, as emoções não nos dizem muito sobre como uma pessoa vai se comportar em longo prazo. Traços de personalidade, ao contrário, são estáveis e consistentes. Se desejamos cultivar um bom julgamento, ter insights sobre o estado emocional de alguém é muito menos poderoso que entender os traços de personalidade dessa pessoa (e os nossos também).

Imagine que você tenha uma espécie de visão secreta de raios X quando se trata de pessoas — uma habilidade incrível de ver além daquilo que os outros podem querer que saibamos sobre eles e, em vez disso, ver quem eles realmente *são*. Funcionários que você contrata prosperariam, porque eles teriam as habilidades e o temperamento certos para o cargo. Seu relacionamento com sócios nos negócios, colegas, clientes, vendedores, chefes e outros durariam mais e seriam mais satisfatórios, porque você teria mais condições de gerir e aprofundar essas conexões. Você gostaria mais de seu emprego, porque se cercaria de pessoas que contribuiriam para seu sucesso em vez de ficar no caminho. Quase todos os relacionamentos no trabalho e mesmo na sua vida funcionariam melhor se você exercesse um bom julgamento com base em seus insights sobre a personalidade dos outros. Você escolheria as pessoas certas e entenderia melhor como cultivar relacionamentos ao longo do tempo, interpretando os atos alheios e respondendo a eles de formas mais produtivas.

Você pode achar que bom julgamento não é algo que se possa obter, que ou se nasce com ele ou não é capaz de consegui-lo — nem mesmo com idade, maturidade e experiência. É verdade que algumas pessoas muito bem-sucedidas parecem ter um instinto natural para avaliar os outros e que os mais velhos têm um julgamento melhor graças à experiência e à sabedoria que acumularam (avós, por exemplo, parecem simplesmente *conhecer* as pessoas). Mas há outro caminho para se tornar um bom juiz de personalidade, um que fez enorme diferença em minha própria carreira: aplicar insights e técnicas poderosos da ciência da personalidade humana.

Os primeiros pesquisadores do campo da psicologia costumavam se concentrar em nossa experiência coletiva, e não no que nos torna únicos como indivíduos — nossa personalidade. Eles estudaram a "condição humana", ou a natureza do comportamento humano e por que nos comportamos de tal modo como espécie. Esse tipo de pesquisa culminou nos primeiros e brilhantes trabalhos de Freud sobre os diferentes níveis de consciência e os mecanismos subliminares que impulsionam o comportamento humano. Essas pesquisas também deram origem à psicologia social, que estuda nosso comportamento em contextos sociais, nossas tendências naturais e o impacto do ambiente em nosso conhecimento. Com o tempo, porém, psicólogos se tornaram mais interessados em entender diferenças individuais, as características que diferenciam você de mim. Esse estudo das diferenças individuais é o que agora chamamos de *psicologia da personalidade*.

Dois insights principais surgiram dessa pesquisa. Primeiro, seres humanos são muito mais reconhecíveis para nós mesmos e para os outros do que pensamos. Segundo, podemos destilar a personalidade e reduzi-la a apenas algumas *dimensões* de características inerentes, também conhecidas como traços. Cientistas divergem sobre o que são exatamente essas dimensões, mas o modelo científico de personalidade mais comumente aceito — frequentemente chamado de Big Five, ou Cinco Grandes — corresponde ao acrônimo em inglês OCEAN: *Openness* (Abertura), *Conscientiousness* (Conscienciosidade) *Extroversion* (Extroversão), *Agreeableness* (Agradabilidade) e *Neuroticism* (Neuroticismo). Como a ciência mostra, podemos descrever nossa personalidade como uma junção dessas cinco dimensões. Tendemos a ter níveis mais elevados ou mais baixos em certas dimensões do que em outras. E também a manifestar traços específicos de formas diferentes em nosso comportamento.

As implicações práticas dessa pesquisa são enormes. Pense em todas as palavras que você poderia utilizar para descrever alguém. São tantas opções que a tarefa rapidamente se torna um grande fardo. Não é reconfortante saber que podemos reduzir todo esse vocabulário a apenas cinco dimensões? Em vez de enlouquecermos tentando analisar centenas de traços de personalidade ao tomar decisões importantes sobre pessoas, podemos usar uma estrutura administrável de personalidade (ou uma derivada dela) para analisar personalidades no mundo real. Ao conectar mais comportamentos às cinco dimensões, podemos determinar *padrões* em comportamentos individuais e com base nisso caracterizar pessoas qualitativamente de acordo com seus traços. Ao ajustar nossas próprias opiniões preconcebidas, podemos acabar com uma avaliação de pessoas que, embora não seja completa, é incrivelmente precisa e útil para objetivos práticos.

Estruturas de personalidade são um meio unicamente poderoso de ver o mundo. Ao tentar decidir quem contratar, com quem se casar, de quem ficar amigo, com quem fazer negócio e assim por diante, ou ao tentar navegar melhor em relacionamentos com outras pessoas, você pode avaliar rapidamente indivíduos e fazer julgamentos melhores. É possível avaliar categorias amplas de traços junto a formas levemente diferentes em que são expressados apenas observando e interpretando comportamentos. Na verdade, as tendências mais profundas e duradouras das outras pessoas — as características que as tornam especiais e que determinam se elas vão ser boas parceiras para você no trabalho e na vida — estão bem aí, facilmente perceptíveis em como elas se movimentam pelo mundo. Você só precisa saber como observar. Este livro ensina isso, apresentando um método poderoso e comprovado para usar agora mesmo, a fim de melhorar sua vida julgando com mais eficácia a personalidade dos outros.

Ao longo das duas últimas décadas, atualizei muito as habilidades de observação que desenvolvi quando criança, acrescentando a elas uma versão das estruturas descritas acima, assim como outras ferramentas com base na ciência e técnicas para avaliar pessoas de forma rápida e precisa. A partir de décadas de pesquisa, incluindo algumas das descobertas validadas da forma mais empírica em toda a psicologia, reduzi isso a uma abordagem concisa e prática que permite discernir, em um período de tempo surpreendentemente curto, como uma pessoa que você conhece *realmente* é. Dominar essa abordagem exige prática, mas seus contornos básicos são tão fáceis de aprender que qualquer um pode utilizá-la imediatamente para melhorar sua perceptividade, independentemente do contexto social, e sem precisar ser PhD em psicologia. Quando começar a utilizá-la, você será capaz de fazer escolhas melhores sobre pessoas e conduzir relacionamentos em direções desejáveis. Talvez o mais importante será sua capacidade de entender melhor *a si mesmo* e de operar de forma mais eficaz no trabalho e na vida pessoal. E, como um benefício extra, você se torna mais alerta às personalidades em *qualquer* encontro que possa ter com os outros. Conforme sua perceptividade geral aumenta, será possível fazer bons julgamentos iniciais sobre outras pessoas que conhece naturalmente na vida, mesmo que não tenha pensado em estabelecer relacionamentos com elas anteriormente. Você terá uma vantagem extra que vai ajudar a interpretar o comportamento dos outros e vai informar como se relacionar com eles.

Eu organizei este livro para introduzir de forma concisa e útil a arte e a ciência do bom julgamento. No Capítulo 1, explico com mais profundidade do que nesta introdução a importância que a habilidade de entender a personalidade de outras pessoas tem em nossa capacidade de interagir com os outros de forma eficaz e, em especial, por que isso é muito mais relevante que inteligência emocional. No Capítulo 2, apresento uma estrutura poderosa de personalidade que você pode usar e explico a ciência por trás dela. Em seguida, conto como é possível adaptar esse método básico com objetivos práticos. No Capítulo 3, desvendo como conduzir uma conversa para que ela transmita o máximo de insights sobre outras pessoas. No Capítulo 4, discuto como escolher parceiros em potencial. No Capítulo 5, explico como estabelecer relacionamentos para ter mais sucesso ao compreender a personalidade dos outros. No Capítulo 6, exploro como usar meu método para ajudar a si e aos outros a terem melhor performance e a progredirem mais rapidamente. No Capítulo 7, encerro o livro mostrando como usar meu método para se tornar mais convincente e influenciar os outros em todos os tipos de situação do dia a dia.

Escrevi este livro não apenas para compartilhar maneiras de melhorar seu julgamento, mas porque me preocupo que estejamos sob risco grave de perder essa capacidade elementar humana. Desde a introdução da tecnologia de GPS, pessoas mais jovens e até muitos de nós, adultos, perdemos a capacidade de encontrar nosso caminho em ambientes desconhecidos. Algo semelhante está acontecendo com a perceptividade: estamos terceirizando essa capacidade cognitiva para nossas telas e, como consequência, perdendo nossos insights sobre outras pessoas. Se estiver lendo isto em um lugar público neste momento, olhe ao seu redor. Provavelmente, a maioria das pessoas não está focada em você nem em ninguém a sua volta, mas em smartphones. É muito perturbador pensar nisso. Há muitos anos, fiz minha pesquisa de doutorado sobre o excesso de uso e o vício em internet. Infelizmente, minha pesquisa foi presciente demais. Sucumbimos ao mundo digital do jeito que eu temia, mas com custos para a humanidade além do que previ. A perceptividade é um músculo cognitivo que nos torna humanos de maneira única, e, ao enterrar nossas cabeças em telas, permitimos que muitas habilidades de observação e interpretação que temos se atrofiem.

A ciência das boas decisões pode ajudar. Não importa quão adepto você seja ao método de avaliar as pessoas, a estrutura e as táticas deste livro vão permitir que você melhore seu jogo. Mas eu também pretendo que este livro seja um chamado, inspirando você a avaliar as pessoas e o que as torna únicas mais uma vez. Largue seus dispositivos eletrônicos e jogue uma versão daquela brincadeira que eu e minha mãe fazíamos no metrô anos atrás. Redescubra sua curiosidade infantil sobre outras pessoas e suas qualidades inerentemente únicas. Além disso, vamos apreciar e celebrar os traços únicos uns dos outros, atribuindo a eles a explicação de como interagimos socialmente. Se fizer isso, você não apenas terá mais sucesso na carreira e nos relacionamentos pessoais, mas também vai descobrir um jeito muito mais humano e satisfatório de viver.

Capítulo 1

PERSONALIDADE > QE

Frank, um brilhante empresário da área de softwares, tinha uma decisão crítica a tomar, que dependia de sua habilidade de avaliar outras pessoas. Nos últimos anos, sua empresa expandiu o negócio principal para centenas de milhões de dólares em receita. Agora, se preparava para ainda mais crescimento graças a lançamentos futuros de produtos em novos mercados. Mas esse avanço rápido deixou Frank diante de um dilema: embora tivesse investido muito de seu foco no desenvolvimento e na gestão do produto principal da empresa, agora precisava se dedicar a supervisionar seu portfólio de negócios. Portanto, outro líder teria de entrar em cena para operar o negócio principal, de modo a se tornar presidente da divisão e gerir uma equipe de centenas de funcionários enquanto respondia a Frank.

Depois de muita pesquisa, o empresário acabou com três fortes candidatos à vaga. O primeiro era um estrategista brilhante que no momento trabalhava em uma grande empresa de tecnologia no Vale do Silício. Frank o conhecia e era seu mentor havia anos. Outro era um jovem executivo talentoso que tinha trabalhado na empresa por um ano e já demonstrara ser extremamente ambicioso, leal e um grande pensador. O terceiro era um veterano da indústria que se destacara em cargos anteriores por ser extremamente trabalhador e excelente tomador de decisões.

Enquanto construía a empresa, Frank pegou prática em analisar pessoas — era uma parte regular de fazer negócios. Mas o que estava em jogo nunca tinha sido tão importante. Se seu negócio principal tivesse problemas, ele teria de deixar todo o restante em que estava trabalhando e reassumir a supervisão. As outras perspectivas de crescimento sofreriam, o que se traduziria em milhões de dólares de receitas perdidas.

Nossa habilidade em julgar pessoas — inclusive nós mesmos — ganha cada vez mais importância ao longo da vida. Ela determina o quanto somos capazes de escolher outras pessoas para nos associarmos a elas como chefes, funcionários, cônjuges e amigos. Determina a maneira como administramos relacionamentos e lidamos com um conflito quando ele surge. Determina até a eficácia como conduzimos nossa vida — nossa habilidade em escolher uma direção para nós mesmos e dar passos significativos ao longo desse percurso.

Mas o que constitui um bom julgamento? Até algumas décadas atrás, a maioria das pessoas equiparava a capacidade de tomar decisões à inteligência, supondo que aqueles que fazem a escolha certa e julgam os outros com astúcia são, acima de tudo, inteligentes. Ou seja, são capazes de analisar dados, entender complexidade e determinar a atitude certa a tomar de forma quase intrínseca, além de serem sábios e terem uma perspectiva fundamentada por suas experiências passadas — um assunto tratado em meu livro anterior, *The Intangibles of Leadership*. Hoje em dia, as pessoas tendem a apontar para outra coisa: a habilidade de ler, entender e responder a emoções — o que é popularmente conhecido como inteligência emocional, ou QE —, dizendo ser isso o que destaca os bem-sucedidos. Alguns indivíduos simplesmente parecem "entender" as emoções dos outros e estar em contato com as próprias. Eles são mais empáticos, mais conscientes dos próprios sentimentos, mais sensíveis em relação aos outros e mais fáceis de se lidar. Como resultado, segundo esse pensamento, tendem a tomar melhores decisões do que os fracos nessas áreas e a comunicar suas decisões de maneira inspiradora e envolvente.[1]

Consultores, jornalistas e líderes empresariais frequentemente apresentam a inteligência emocional como algo mais crucial para o sucesso nos negócios e na vida do que a inteligência convencional.[2] Em 2022, o prefeito de Nova York, Eric Adams, proclamou que a inteligência emocional seria o "primeiro critério" que ele usaria para escolher as melhores pessoas para sua administração, um traço, em seu ponto de vista, mais importante do que a inteligência tradicional ou o pedigree acadêmico. "Não me falem de seus diplomas da Ivy League", disse ele. "Eu não quero saber de sua inteligência acadêmica. Eu quero saber de sua inteligência emocional."[3]

Mas a inteligência emocional é *realmente* o superpoder de que todos precisamos para tomar decisões mais acertadas, administrar de forma mais eficaz os relacionamentos, negociar melhor e atingir nossos objetivos na vida e na carreira? A resposta é não. A inteligência emocional popularmente concebida é, para ser franco, uma besteira. A definição popular de QE é uma mistura do conceito de QE fundamentado em pesquisas com aspectos da personalidade e componentes comuns de comportamento social positivo (por exemplo, ser uma pessoa boa, demonstrar empatia e assim por diante). O QE é atraente porque significaria que as pessoas com características mais sensíveis poderiam ser líderes melhores. Acreditamos de maneira intuitiva que estilos de gestão antiquados e enfadonhos não funcionam, e supomos que precisamos de um tipo de liderança novo e mais emocional. Temos que ser mais simpáticos, mais gentis e mais sensíveis agora. Aparentemente, pessoas legais não terminam em último, sabia? Na verdade, elas são mais propensas a terminarem em primeiro.

Mas são mesmo? Infelizmente, poucas evidências, se é que existe alguma, apoiam a ideia de que o QE realmente prevê sucesso na liderança separado da personalidade e da inteligência geral. A verdade sobre o tema é que o QE tem pouco efeito real no sucesso em longo prazo. A cidade de Nova York é um caso exemplar. Apesar da intenção de Eric Adams de contratar pessoas com base no QE, a cidade ainda não viu um renascimento na gestão pública. Ao contrário. Moradores lidaram com aumento da criminalidade, dificuldade cada vez maior de encontrar habitação a preços acessíveis, crise imigratória e uma série de outras questões socioeconômicas.[4] Claro, esses são todos temas extremamente complexos, envolvendo políticas estaduais e federais, e o próprio Adams em certos momentos demonstrou forte impacto de liderança. A questão é que o QE não é uma espécie de panaceia para lideranças e não deve ser base para uma estratégia de contratação.

Outra abordagem mais profunda dos julgamentos tem a *ciência* por trás: a habilidade de entender e avaliar a personalidade humana, o que chamo de perceptividade. O QE trata de informar sobre estados emocionais, que são extremamente voláteis. Como pesquisas demonstraram, a assinatura química das emoções disparadas por estímulos externos dura apenas noventa segundos, embora nosso próprio processo de pensamento possa prolongar essa resposta.[5] Em contraste, nossos temperamentos essenciais — o quão criativos, confiáveis, diligentes e sociáveis somos — permanecem constantes, evoluindo em ritmo lento, com mudanças aparecendo apenas ao longo de um período de décadas. Um jornalista certa vez comparou traços de personalidade a "placas tectônicas se movendo, em vez de um terremoto".[6] É verdade: a personalidade é estável. Ela não muda muito, e de muitas maneiras define exatamente quem somos e como somos diferentes dos outros. A personalidade é um construto profundamente pesquisado, um dos indicadores de qualidade da ciência da psicologia. Nós sabemos muito sobre personalidade, e ela é muito real. A perceptividade está relacionada com a identificação desses traços fundamentais e estáveis e com a compreensão de como afetam a habilidade de uma pessoa realizar uma tarefa que precisa ser feita.

O QE pode nos ajudar a reconhecer, digamos, a raiva em um gestor ou em um representante de atendimento ao consumidor, e ajustar nosso estilo ao momento, para navegar por essa emoção. Entretanto, estamos lidando com um instante, uma consciência transacional do que, e uma reação ao que, podemos supor ser um acontecimento único. Quão mais poderoso seria determinar se alguém é uma *pessoa raivosa* — ou seja, que tem a raiva como traço — e ajustar nossa abordagem geral para lidar de forma apropriada com ela? Em outras palavras, o QE nos ajuda modestamente a entender como uma pessoa está experimentando determinada situação, enquanto a perceptividade nos ajuda a entender de forma robusta quem ela *é*. Se conseguirmos entender os outros e o que os move, e se aprendermos a discernir traços mais profundos de personalidade analisando o comportamento, temos uma vantagem decisiva na hora de tomar decisões nos negócios e na vida. Podemos antecipar como as pessoas são propensas a se comportar e, de acordo com isso, moldar nossa tomada de decisão. A perceptividade é realmente a essência do bom julgamento, e não o QE.

INTELIGÊNCIA EMOCIONAL: QUANTO ELA REALMENTE É INTELIGENTE?

Para entender o quão não científicas, inúteis e sem sentido são as concepções populares de QE, a história do conceito ajuda. Embora referências apareçam de forma dispersa na literatura científica dos anos 1970 e 1980, a inteligência emocional despertou pela primeira vez o interesse dos acadêmicos em um artigo de 1990 dos psicólogos Peter Salovey e John D. Mayer.[7] Como eles observaram, pesquisadores estudavam a cognição havia décadas e tinham descoberto diferentes tipos de inteligência. O mais notável foi o psicólogo americano Howard Gardner, em sua famosa teoria das múltiplas inteligências introduzida no início dos anos 1980, que defendeu que existem modalidades diferentes de inteligência e que as pessoas podem ter diversas habilidades em cada uma delas.[8] Gardner sugeriu originalmente sete tipos de inteligência: musical, espacial, linguística, lógico-matemática, corporal-cinestésica, interpessoal e intrapessoal. Posteriormente ele acrescentou a inteligência naturalista (entender e ser conhecedor da natureza) e a existencial (inteligência espiritual).

Naturalmente, a teoria de Gardner agradou ao público. Crianças musicais podem não ter pontuação alta em um teste de QI, mas ainda assim ser consideradas brilhantes por seus talentos. Uma pessoa com inteligência linguística que simplesmente não entende matemática deve ser considerada inteligente mesmo assim. Quando foram apresentadas, as inteligências múltiplas de Gardner ganharam apoio popular e provocaram todo tipo de publicidade e pesquisa por outros estudiosos. Sistemas educacionais adotaram a teoria e adaptaram currículos para se adequarem a ela (você provavelmente já ouviu falar em "estilos de aprendizagem" — essa é a base conceitual para eles).

Nas décadas seguintes, porém, pesquisadores testaram com rigor a teoria e descobriram que as múltiplas inteligências propostas por Gardner não eram válidas.[9] Essas inteligências estão todas correlacionadas com nossa definição tradicional de inteligência geral, e quase todos os psicólogos agora denunciam o conceito de estilos de aprendizagem (apesar de seu apelo) como pseudociência.[10] Na época, porém, ele foi considerado uma teoria de ponta.

O conceito de Salovey e Mayer de inteligência emocional emergiu diretamente do trabalho de Gardner. Era uma subcategoria do que ficou conhecido como "inteligência social", definida como "a habilidade de entender e gerir pessoas".[11] Inteligência emocional, eles observaram, era um conjunto específico de habilidades que incluíam "a avaliação precisa e a expressão de emoção em você e nos outros, a regulação eficaz de emoção em você e nos outros e o uso de sentimentos para motivar, planejar e conquistar na vida de uma pessoa".[12] Pessoas emocionalmente inteligentes eram especiais por conseguirem entender bem os sentimentos, moderar os próprios sentimentos e os dos outros e usar as emoções — positivas, negativas ou outras — para ajudá-los a viver.

A ideia de QE de Salovey e Mayer como um conjunto de habilidades não despertou o mesmo interesse popular que o trabalho de Gardner. Pesquisadores da área de psicologia aceitaram a ênfase nas emoções em conversas sobre inteligência, mas o conceito não chamou atenção além disso. Fora da academia, em especial o mundo dos negócios era muito mais focado em *hard skills*, como a habilidade analítica, e não nas chamadas *soft skills*.[13] Mas foi aí que o psicólogo e jornalista Daniel Goleman entrou.

Como repórter que cobria a área de ciências para o *New York Times*, Goleman encontrou o artigo de Salovey e Mayer de 1990 e posteriormente disse ter ficado "eletrizado" pela ideia de inteligência emocional que "oferecia um novo jeito de pensar sobre nossas emoções".[14] Seu livro *Inteligência emocional*, lançado em 1995, foi inspirado nas ideias do artigo, estabelecendo cinco áreas de inteligência emocional: atenção a nossos próprios estados emocionais; habilidade de controlar ou administrar nossas emoções; capacidade de nos motivar usando emoção; empatia ou habilidade de experimentar as emoções dos outros; e gerenciamento de emoções dos outros quando em um relacionamento.[15] De forma um tanto sensacionalista, Goleman defendia que a inteligência emocional "pode ser tão poderosa quanto, e às vezes mais poderosa que, o QI", observando que "pessoas com uma boa compreensão emocional [...] têm vantagem em qualquer área da vida".[16]

O livro de Goleman tocou as emoções do público geral, tornando-se um enorme *best-seller* e desencadeando uma torrente de interesse popular que continua até hoje. Todo mundo queria ser "emocionalmente inteligente" porque lhes diziam que esse era o verdadeiro caminho para o sucesso na vida e no trabalho. O QE pôs um rótulo em algo que estávamos sentindo havia algum tempo mas não conseguíamos identificar: que empatia e emoções importam na vida. No local de trabalho, ele coincidiu com o extravasamento de frustrações antigas sobre desigualdade de gênero. Mulheres são mais emocionalmente equipadas do que os homens, prosseguia o pensamento, e estes tinham de começar a aprender habilidades sociais e emocionais para poderem evoluir. O livro de Goleman foi lançado alguns anos depois da obra de grande sucesso de John Gray, *Homens são de Marte, mulheres são de Vênus* (1992), e seria possível dizer que a inteligência emocional podia ser responsável pela diferença subliminar na visão de mundo dos gêneros.

A revista *Time* publicou uma reportagem de capa sobre QE, provocando leitores com a noção de que "a inteligência emocional pode ser o melhor preditivo de sucesso na vida".[17] Goleman produziu mais empolgação alguns anos depois quando divulgou uma "pesquisa" (mais uma vez, sem fundamentos e inválida) mostrando que "quase 90%" da distância que separava "funcionários de alto desempenho" de "pessoas medianas em posições de liderança sênior" se devia à inteligência emocional.[18] Outros pesquisadores fizeram afirmações igualmente incríveis, todas elas sem base científica. Uma empresa, por exemplo, dizia que as pessoas com melhores notas em seu teste de inteligência emocional ganhavam 29 mil dólares por ano a mais que aquelas com notas baixas.[19] É chocante, mas não havia nenhum link para acesso à pesquisa, e ela parece não existir de verdade. Mais uma vez, as alegações tiveram mais peso do que a ciência.

Energizada por tais proclamações, entre o fim dos anos 1990 e o início dos 2000, surgiu uma indústria em torno da inteligência emocional que continua fazendo sucesso até hoje. Uma avalanche de livros e artigos sobre o assunto apareceu. Psicólogos desenvolveram testes para medir o QE, e consultores venderam estruturas conceituais e exercícios de treinamento para ajudar líderes a ficarem mais emocionalmente competentes. O CEO da General Electric Jack Welch tinha a reputação de ser um chefe linha dura, até mesmo desumano, que não media palavras — ou seja, longe de ser um exemplo de inteligência emocional, como a maioria das pessoas pensa.[20] Mesmo assim, ele aparentemente passou a ter uma estima considerável pelo conceito. Como ele escreveu em um artigo de opinião para o *Wall Street Journal*: "Sem dúvida a inteligência emocional é mais rara do que a inteligência dos livros, mas minha experiência diz que ela é na verdade mais importante na formação de um líder. Você não pode simplesmente ignorá-la".[21]

Hoje, a inteligência emocional é onipresente no mundo corporativo. Eu a vejo em toda parte: de empresas que exigem que seus funcionários façam testes de QE a *coaches* que treinam executivos alardeando o papel central do QE em liderança. Muitos profissionais recebem treinamento em inteligência emocional no trabalho — uma pesquisa de 2019 verificou que 42% das empresas o ofereciam a seus principais líderes.[22] Outros estudos descobriram que a maioria dos empregadores dá mais valor ao QE do que à inteligência comum.[23] Até a *Harvard Business Review* publicou um trecho de um livro de 2018 descrevendo a inteligência emocional de Abraham Lincoln na liderança.[24] Eu me lembro de ter visto um post na plataforma X sobre isso na época e quase surtei. Como era possível alguém atribuir a inteligência emocional descrita na literatura de pesquisa a Abraham Lincoln?

A inteligência emocional me assombra em toda parte no meu trabalho. Ao redigirem descrições de cargo, recrutadores de executivos quase sempre listam a inteligência emocional como uma das características desejáveis de liderança. Eles frequentemente só estão tentando refletir o que seus clientes estão pedindo. Quando meus clientes conversam comigo sobre quem estão procurando antes que eu avalie um candidato, quase sempre me dizem que desejam alguém forte em inteligência emocional.

E a influência da inteligência emocional penetrou muito além dos negócios. Observadores a indicaram como essencial para o sucesso em quase qualquer forma de empreendimento humano. Pais e professores aparentemente precisam dela.[25] Assim como atletas.[26] E médicos.[27] E policiais.[28] Sem falar em investidores, contadores e estatísticos.[29] Sem muitas provas ou análise, observadores também se voltaram para a inteligência emocional para explicar a alta performance. Além de Lincoln, George Washington aparentemente era forte em inteligência emocional, assim como Martin Luther King Jr.[30]

Certo hype desses em torno da inteligência emocional é compreensível. O conceito soa a bom senso. Todos conhecemos e gostamos de pessoas que parecem emocionalmente sensíveis e empáticas. Geralmente é mais agradável estar perto dessas pessoas. (Mas lembre-se: empatia e "simpatia" não são QE, como definido por Salovey e Mayer!) Todos nós também tivemos chefes ou colegas que parecem desprovidos de emoções — sabemos como *isso* é. Para a maioria de nós, a inteligência emocional é um conceito atraente à primeira vista. É reconfortante pensar que não são apenas os mais inteligentes entre nós que alcançam sucesso na vida — caras e garotas legais também terminam em primeiro exatamente pela virtude de sua simpatia. Em meu trabalho, ouvi inúmeros pais descreverem os filhos da seguinte maneira: "Meu mais velho é brilhante, está entre os melhores de sua turma. Minha filha? Ela não tem essa inteligência tradicional dos livros, mas é *emocionalmente* inteligente. Ela tem QE em vez de QI".

Se essas ideias parecem apenas um desejo, tenha certeza de uma coisa: elas são. O conceito popular de inteligência emocional *parece* ótimo, mas, por trás da aparência, você descobre que é em grande parte *nonsense*. Não sou o único a dizer isso: diversos outros psicólogos expressaram dúvidas sobre a noção popular de QE, incluindo os próprios Salovey e Mayer, seus proponentes originais. Em um artigo publicado em 2008, eles e um coautor observaram a ressonância do conceito tanto dentro da psicologia acadêmica quanto na cultura em geral, escrevendo que "o tamanho aparente do campo minimiza o que vemos como pesquisa científica relevante na área".[31]

E quanto às provas que supostamente mostram o valor prático da inteligência emocional para líderes, gestores e outros profissionais? Salovey e Mayer criticaram as afirmações de Goleman e outros de que o QE pode ser responsável por desempenho extraordinário,[32] e muitos outros estudiosos ofereceram fortes críticas também.[33] Revisando as evidências disponíveis, John Antonakis, professor de comportamento organizacional na Universidade de Lausanne, concluiu que pesquisadores "são abundantes em afirmações, mas carentes em provas da utilidade [do QE] para a liderança".[34] A evidência de que ele exista é frágil e falha diante de uma análise que atenda a padrões científicos básicos. Em outro momento, Antonakis conclui que as evidências que sustentam a noção de que a inteligência emocional importa para a liderança são "inexistentes ou fracas, na melhor das hipóteses, e contraditórias, na pior delas".[35]

Você não precisa ser um pesquisador da área de psicologia para entender que a inteligência emocional não pode prever de maneira adequada uma performance superior. Um olhar anedótico para líderes de sucesso do passado e do presente sugere isso. Alguns líderes extremamente bem-sucedidos parecem ser bem fortes em inteligência emocional. O CEO da Microsoft, Satya Nadella, vem à mente, depois de falar apaixonadamente sobre o negócio e demonstrar uma disposição para expressar certa dose de vulnerabilidade emocional.[36] Mas também não encontramos escassez de líderes notáveis que eram pessoas rígidas e aparentemente insensíveis às emoções dos outros. Em seu estudo de superchefes que não apenas construíram negócios poderosos, mas também ajudaram os outros a sua volta a terem sucesso, Sydney Finkelstein, professor da Universidade de Dartmouth, sugere que alguns líderes eram tipicamente de trato difícil e se importavam pouco com os sentimentos das pessoas a sua volta. Concentrados em vencer, esses "bastardos gloriosos", como Finkelstein os chama, geralmente não "pareciam tão simpáticos ou empáticos quanto gostaríamos que nossos chefes fossem". Um bom exemplo era Larry Ellison, fundador da gigante de software Oracle, que disse que no início da carreira inventou a própria abordagem da gestão: GPR, ou "gestão pelo ridículo".[37]

O problema não é apenas a falta de evidências para sustentar as grandes afirmações feitas a favor da inteligência emocional. É que o próprio conceito da forma como evoluiu não faz sentido de uma perspectiva científica. Em seu artigo de 2008, Salovey, Mayer e um coautor criticaram especificamente a descrição de Goleman da inteligência emocional, apresentando-a como "um conjunto de atributos complexos e, às vezes, aleatórios" que eles fizeram questão de não endossar. Eles estão absolutamente certos. Em sua pesquisa inicial, quase duas décadas antes, Salovey e Mayer tinham falado do QE como um conjunto de habilidades e conhecimentos relacionados com as emoções. Em 2008, eles refinaram essa definição, mas continuaram descrevendo o QE como um conjunto de quatro habilidades: gerenciamento de emoções com propósito de alcançar objetivos; compreensão das emoções e da linguagem usada para descrevê-las; identificação das emoções que nós e os outros sentimos; e valorização de nossos processos de pensamento por meio de emoções.[38]

O conceito de Goleman de QE, ao contrário, é uma miscelânea de habilidades/conhecimentos e características inatas. Sua definição sem fundamento inclui autorregulação e autoconhecimento relacionados com emoções, que são habilidades, mas também inclui empatia e sociabilidade, que são traços de personalidade. É importante entender — tanto em geral quanto ao ler este livro — que habilidades e características são coisas muito diferentes. Podemos desenvolver habilidades dando passos para cultivá-las e para construir nossa base de conhecimento. Pense na inteligência genérica, um nível mensurável de habilidade e conhecimento geral. Salovey e Mayer conceberam o QE da mesma forma: algumas pessoas têm determinado conjunto de habilidades e conhecimentos específicos das emoções. Por outro lado, traços de personalidade são os tijolos de nossa personalidade — são atributos ou tendências arraigados que estão em grande parte além de nosso poder de cultivá-los. Como foi originalmente definido, o QE era uma habilidade, mas Goleman a corrompeu de tal modo que se tornou uma medida da personalidade. Além disso, o modelo de Goleman inclui um fator ligado à motivação — um conceito mais amplo que é conceitualmente diferente de nossa vida emocional.

Goleman e outros que seguiram esse pensamento estão trabalhando com uma versão bastarda do QE. Em suas mãos, o QE é cientificamente incoerente e se reduz a "ser legal" ou "uma pessoa do povo". Ser legal é maravilhoso — sou tão fã disso quanto todo mundo. Mas seu poder como um conceito psicológico é limitado. Não é acidente que os testes desenvolvidos por psicólogos para medir a inteligência emocional não funcionem muito bem. Se você é o líder de uma empresa e está confiando nos números da inteligência emocional de uma pessoa para determinar se vai contratá-la ou promovê-la, provavelmente não está medindo o QE de maneira muito precisa. Isso porque os próprios testes não medem o fenômeno que afirmam medir.[39]

Como esse último ponto nos lembra, perguntas sobre a validade da inteligência emocional não são apenas uma questão de debate acadêmico. Elas têm consequências no mundo real. Poucas pessoas sérias hoje em dia tomariam decisões profissionais importantes, como quem contratar ou promover, com base em uma leitura astrológica ("Eu sou de Libra, me contrate!"). A astrologia é geralmente considerada uma pseudociência. Ainda assim muitas pessoas *confiam* nesse conceito em sua tomada de decisão. A inteligência emocional pode *parecer* científica, e alguns especialistas podem apresentar algo que aproxime dados para apoiar seus argumentos. Mas é um "conceito inválido", como outro psicólogo organizacional escreveu, uma miscelânea vaga de conceitos psicológicos reunida e empacotada em uma embalagem atraente.[40]

Isso não significa que os tipos mais limitados de habilidades relacionadas a emoções descritos por Salovey e Mayer não sejam úteis.

Eles são. Evidências sugerem que habilidades relacionadas a emoções podem nos capacitar para ter um desempenho um pouco melhor. Mas, mesmo que elas o façam, isso só funciona em certas áreas, como vendas ou aconselhamento, nas quais habilidades emocionais tenham um papel importante.[41] Em muitas outras áreas de atuação, a consciência das emoções é totalmente irrelevante para a performance ou liderança. E em outras áreas, nas quais as emoções importam ainda menos (como contabilidade ou neurocirurgia), a inteligência emocional pode até nos fazer mal, talvez porque prestar atenção a emoções nos distrai de outras partes mais relevantes do trabalho, como análise quantitativa ou pensamento objetivo e focado. Além disso, como o psicólogo Adam Grant observa, a inteligência emocional tem seu lado sombrio, com líderes emocionalmente hábeis às vezes usando suas características não para inspirar os outros, mas para manipulá-los.[42]

Mesmo que nos limitemos à noção de Salovey e Mayer de QE como "habilidades emocionais", tê-las não é garantia de sucesso no trabalho ou na vida pessoal. Ao fingir que tais habilidades são garantias e ao considerá-las a base de nosso julgamento, ficamos propensos a tomar decisões ruins, seja na escolha de um candidato para contratar, um parceiro com quem se casar ou um sócio nos negócios. Concentramos muito da nossa atenção em estados emocionais passageiros, supondo que isso nos dá o melhor vislumbre de como a outra pessoa vai se comportar. Como resultado, interpretamos as pessoas de maneira equivocada e perdemos a essência de quem elas são. Ao buscar inteligência emocional nos outros, vamos contratar, promover, nos associar, investir, nos casar ou ser amigos das pessoas erradas simplesmente porque elas parecem sociáveis e "legais". Tenha em mente que é fácil fingir ser legal. Quem nunca conheceu alguém que parecia agregador e amistoso, mas depois se revelou um idiota completo? Ao basear decisões importantes sobre pessoas no fato de parecerem legais, corremos o risco de sermos manipulados por quem não é nada disso.

O conceito de inteligência emocional é popular há décadas. Conversas em torno da importância da empatia e da consideração pelos sentimentos dos outros estão por toda parte. Entretanto, essa mudança cultural não parece ter melhorado a qualidade da tomada de decisão em nossa sociedade. Para onde quer que olhe, você vê que esse julgamento ruim é endêmico. Pesquisadores descobriram que as decisões ruins estão muito difundidas dentro das organizações.[43] Más contratações têm sido abundantes, e chefes em todas as indústrias têm lutado para gerir bem suas equipes.[44] Enquanto isso, aproximadamente um quinto das pequenas empresas fecha no primeiro ano.[45] A maioria das sociedades parece terminar em fracasso.[46] E embora os números de divórcios tenham diminuído, ainda estão em torno de 40%.[47] Esses fracassos dependem de um grande número de fatores, mas nitidamente a descoberta do QE não foi uma vantagem para o bom julgamento. Podemos ter ficado mais conectados com nossas emoções e mais sensíveis aos sentimentos dos outros, mas não estamos tomando decisões melhores, e estamos pagando o preço. Talvez seja hora de uma abordagem diferente.

UM JEITO MAIS PROFUNDO DE ENTENDER AS PESSOAS

O que aconteceu com Frank, o empresário do ramo de softwares que estava diante da difícil tarefa de escolher alguém para administrar o negócio principal de sua empresa? Na teoria, os três candidatos eram muito diferentes e fortes. Para fazer um bom julgamento, ele teria que antecipar como cada um se comportaria no cargo e como esse comportamento afetaria a performance, e selecionar aquele cuja atuação permitisse o melhor desempenho nos aspectos específicos do cargo, da organização, do ambiente de negócios e assim por diante.

Como Frank poderia prever com precisão o comportamento futuro desses candidatos? Sua inteligência emocional não o ajudaria muito nisso. O que ele precisava fazer para escolher com sabedoria era entender aspectos-chave da *personalidade* desses candidatos. Ou seja, ele precisava captar os aspectos do caráter de cada um — incluindo pensamentos, sentimentos e ações — que os diferenciavam dos outros e os definiam como indivíduos.[48] Como esses traços permanecem geralmente constantes ao longo do tempo, identificá-los e entendê-los podia dar a Frank uma ideia precisa de como os três candidatos provavelmente se comportariam no cargo e qual se sairia melhor na posição.

Nos anos que viriam, o negócio principal de Frank precisaria operar metodicamente com mais estrutura e escala para continuar a atender às necessidades dos clientes. Em relação a isso, o empresário sabia que o novo líder contratado precisaria ter diversos atributos de personalidade importantes, como liderança estruturada e disciplina para escalar o negócio. Ser organizado e orientado por processos era importante. Ao mesmo tempo, precisaria ter algumas características essenciais consistentes com a cultura da empresa, que era empreendedora, assumia riscos e era voltada ao crescimento. Em um mercado agressivo como o deles, esse líder também teria de ser orientado por ações e objetivos. Ele precisaria saber como agir de forma decisiva e garantir que as tarefas fossem feitas. Considerando as diferenças de personalidade dentro da empresa e a presença de pessoas que eram ao mesmo tempo inteligentes e com fortes opiniões, esse líder teria de ser honesto, transparente, bom ouvinte e flexível como comunicador — alguém que pudesse motivar as diferentes partes interessadas e resolver disputas.

Candidatos que tivessem esses traços de personalidade em abundância seriam mais propensos a ter sucesso. Para buscar profissionais com essas características, Frank podia levar em conta a experiência profissional, a formação acadêmica e tentar inferir a personalidade deles a partir disso, usando o currículo como um indicador para avaliação de personalidade. Se foi para uma faculdade de elite e se saiu bem lá, daria para presumir que fosse uma pessoa inteligente ou zelosa. Se liderou ou trabalhou em startups antes, Frank poderia presumir que esse candidato tivesse espírito empreendedor. Se fez movimentos incomuns de carreira, poderia se pensar que gostasse de assumir riscos. Mas o problema é que as pessoas são mais do que seus currículos, e, apesar do que disseram a você, experiências anteriores não são o melhor preditivo de performance futura.

Para determinar quem se encaixaria melhor no papel, Frank também poderia cultivar uma habilidade especial: observar esses candidatos durante entrevistas bem planejadas e outras interações e chegar à própria avaliação de personalidade com base na ciência. Essa habilidade de entender o que é único em cada indivíduo é o que chamo de *perceptividade*. Como vamos ver, é um superpoder maravilhoso para ter enquanto você navega por sua vida pessoal e profissional.

Pense na perceptividade como um conjunto de habilidades diferentes relacionadas à personalidade. Em seu âmago, é a capacidade de entender e identificar traços de personalidade, reconhecê-los nos outros e em si mesmo, inferir como os traços afetam o comportamento e tomar boas decisões como resultado desse conhecimento. John D. Mayer, um dos principais proponentes da inteligência emocional, usa o termo *inteligência pessoal* de maneira similar. O psicólogo sugere que ela tem quatro componentes distintos: primeiro, é preciso ser capaz de ler bem a personalidade dos outros e olhar introspectivamente para avaliar quem *você* é. Segundo, é importante desenvolver maneiras de analisar a personalidade, nomeando certos traços e reconhecendo como seus próprios modelos arraigados de personalidade podem estar influenciando a maneira como você percebe os outros. Terceiro, é necessário desenvolver a habilidade de tomar decisões com base na compreensão de sua própria personalidade. E quarto, é preciso se tornar hábil em definir objetivos de vida mais amplos para si mesmo com base na própria identidade, na pessoa que você entende que é.[49]

A CIÊNCIA DA PERCEPTIVIDADE

Embora você possa não ter ouvido falar em perceptividade, a ideia de que podemos ter uma espécie de visão de raios X da individualidade dos outros não é nova. Desde a Antiguidade, filósofos, teólogos e outros acadêmicos desenvolveram teorias sobre o caráter e o temperamento e buscaram diferenciar vários tipos de personalidade.[50] O filósofo grego Teofrasto elaborou um sistema inicial, citando trinta tipos de personalidade diferentes, incluindo "o homem desconfiado", que "acredita que todo mundo é desonesto", e "o homem que não agradece", um tipo de pessoa negativa que sempre vê o copo meio vazio.[51] Influenciados pelas teorias do médico grego Hipócrates, pensadores medievais achavam que as expressões de personalidade estavam relacionadas com alguma mistura mercurial de fluidos corporais (sangue, muco e bílis).[52] Mais tarde, durante os séculos XVII e XVIII, fisionomistas como Giambattista della Porta e Johann Kaspar Lavater propagaram a ideia de que se podia discernir a personalidade de alguém estudando a aparência externa da pessoa. (Esta última noção persiste na expressão popular "nariz empinado" — ou seja, a presença dessa característica física significando que a pessoa tem uma personalidade arrogante.)[53] Claro, essa pseudociência era completamente infundada. Com o tempo, ela se revelou extremamente errada e, com frequência, racista.

No fim do século XIX, a ciência moderna da psicologia começou a gerar novos insights poderosos sobre a personalidade e sua expressão. Desde então, psicólogos se concentraram em responder a duas perguntas básicas: primeiro, qual a verdadeira natureza da mente humana? Segundo, o que diferencia uma pessoa das outras? A primeira dessas perguntas levou Sigmund Freud, Carl Jung, Karen Horney, Carl Rogers e muitos outros a estudar aspectos da personalidade compartilhados por todos nós, incluindo a mente não consciente, o mecanismo por meio do qual desenvolvemos diversos comportamentos e tudo mais. A segunda dessas perguntas levou estudiosos a descrever e medir pela primeira vez diferenças na inteligência geral e a postular que características individuais servem como tijolos fundamentais para a expressão da personalidade.

No início do século XX, pesquisadores começaram a usar análise estatística para identificar e isolar traços de personalidade específicos — o que ficou conhecido como psicometria. Ao adotar uma abordagem linguística, eles começaram a catalogar todos os termos que descrevem pessoas — palavras como *curioso, bondoso, receptivo, generoso, extrovertido* — e a determinar matematicamente quais definiam traços de personalidade distintos e quais se juntavam para formar um único traço. As palavras *organizado* e *asseado*, por exemplo, não eram psicometricamente diferentes: alguém que podemos descrever como organizado também seria asseado e vice-versa. Mas alguém organizado pode não ser generoso, e vice-versa — esses dois traços são distintos.

No próximo capítulo, vou me aprofundar na abordagem psicométrica e nos insights inovadores sobre a personalidade que ela produziu.

Por enquanto, é importante observar que nossa compreensão atual dos traços de personalidade e sua expressão tem base em décadas de pesquisa e análise meticulosas. Esse trabalho também deu origem a testes sofisticados que nos permitem identificar com segurança traços de personalidade nas pessoas. Não estou falando daqueles testes divertidos e leves de revista para descobrir se sua cara-metade é de um certo "tipo". Nem estou falando sobre testes populares como o de Myers-Briggs que, como vamos ver, não têm base científica alguma. Estou falando de questionários cuidadosamente projetados e rigorosamente testados que medem com precisão o que se propõem a medir, conforme a análise quantitativa tem demonstrado. A maioria dos testes de inteligência emocional não resiste a um escrutínio sério. Testes científicos relacionados à personalidade, porém, sim.

Você pode se perguntar: os traços de personalidade são realmente tão verdadeiros e duradouros quanto os psicólogos acreditam que sejam? Afinal de contas, as pessoas se comportam de maneiras diferentes em contextos específicos. Se somos falantes e extrovertidos em jantares, isso não significa que nos consideremos extrovertidos. No trabalho, podemos nos sentir intimidados e nos fechar. Ao observar a forma irregular como certos traços são expressos pelas pessoas, alguns psicólogos de meados do século XX afirmaram que nossa personalidade é fundamentalmente situacional, e não parte essencial de nós.

Enquanto a ciência acabou por refutar esse ponto de vista, psicólogos aprimoraram a avaliação da complexidade da personalidade e como ela se manifesta em situações da vida real. Agora existe um consenso de que possuir certos traços de personalidade *aumenta as chances* de que nos comportemos de determinadas maneiras em uma situação específica, mas não garante isso — outros fatores também fazem diferença. É meio como uma previsão do tempo: as chances de chover podem ser grandes, mas o que realmente acontece continua até certo ponto uma pergunta aberta. Quem é extrovertido por natureza, provavelmente vá se sentir inclinado a conversar com outras pessoas em festas, na fila do mercado ou ao encontrar vizinhos na rua. Mas também vai haver momentos em que outros fatores — se estamos sonolentos e nos sentimos ranzinzas, se estamos preocupados com alguma coisa, se estamos nos sentindo intimidados — nos farão voltar para dentro e evitar as coisas. Traços de personalidade ajudam muito a prever comportamentos, mas não são garantia de que alguém vá agir de certa maneira em determinada circunstância.

PERCEPTIVIDADE E PERFORMANCE

Psicólogos não monopolizaram o mercado de ter insights sobre outras pessoas. Todos praticamos perceptividade no dia a dia. "Com sorte", escreveu o psicólogo David Funder, "você pode passar muitos anos sem ser avaliado por um psicólogo. Mas não tem chance de escapar por tanto tempo de ser avaliado por seus amigos, inimigos, parceiros românticos — e por você mesmo."[54] A ciência evolucionária sugere que todos temos pelo menos alguma perceptividade inata que herdamos de nossos ancestrais distantes. Em especial, cientistas comportamentais como Steven Pinker, David Buss e Leda Cosmides mostraram uma ligação evolucionária entre a psicologia humana de nossos dias e as necessidades psicológicas dos humanos pré-históricos. Uma área dessa pesquisa é voltada à *cognição social*, o músculo psicológico para processar, armazenar e usar informação relacionada a nosso ambiente social. Dentro desse contexto, podemos relacionar comportamentos como agressão interpessoal, comportamento de acasalamento, prevenção de doenças, poder e *status*, afiliações e conexões familiares às necessidades de sobrevivência dos humanos pré-históricos.[55] Julgar quem é amigo ou inimigo, e tomar decisões com base nesse insight, é há muito tempo um fator da sobrevivência dos mais aptos. De forma semelhante, avaliar os outros também permitiu que nossos ancestrais caçadores-coletores se dessem melhor uns com os outros e colaborassem de maneiras que aumentavam as chances de sobrevivência.[56]

Além da perceptividade inata geral dos seres humanos, você pode se perguntar se algumas pessoas são melhores em identificar personalidades do que outras. A maioria acha que é melhor juiz de personalidade do que todos os outros. (Claro, essa afirmação é estatisticamente impossível — leia-a de novo.) Por anos, estudiosos lançaram dúvidas sobre essa noção, vendo a perceptividade mais como uma habilidade aprendida do que uma habilidade natural. Entretanto, pesquisas recentes sobre o que se chama de "bom juiz" de personalidade sugerem que algumas pessoas têm certa vantagem nessa área. Um estudo de 2019 descobriu "evidências consistentes, claras e fortes de que o bom juiz existe" — ou seja, algumas pessoas são mesmo melhores em julgar personalidades do que outras.[57]

Minha própria experiência confirma essa descoberta. Ao longo de minhas duas décadas de trabalho com líderes de setores tão diferentes, como de investimentos, moda, saúde e agronegócio, descobri que algumas pessoas são extremamente boas em julgar as outras, mas esses indivíduos são raros. A maioria dos profissionais *acha* que seu julgamento sobre a personalidade dos outros é preciso. Na verdade, eles são vítimas de uma diversidade de crenças que atrapalham a forma como avaliam as pessoas, o que, por sua vez, os leva a tomar decisões horríveis.

Evidências sugerem que a habilidade de julgar pessoas importa, influenciando de forma significativa nossa performance.[58] Psicólogos pesquisadores demonstraram com sucesso que leituras precisas de personalidade "são importantes não apenas para profissões específicas, mas também para posições em todas as organizações". Essas leituras permitem que gestores contratem as pessoas certas e lhes forneçam feedbacks que vão ressoar nos funcionários como indivíduos. Elas também permitem que as pessoas tomem decisões melhores sobre em quem confiar, com quem interagir ou colaborar e quem abordar com novas ideias.[59] Como inúmeros estudos estabeleceram relação entre vários traços de personalidade e ótima performance profissional, e essas conexões são estatisticamente significativas, é compreensível que a habilidade para identificar esses traços nos outros proporcione uma grande vantagem.[60]

Já vi essa vantagem se desenrolar em meu próprio trabalho quando se trata de decisões específicas que líderes e gestores devem tomar. Quando meus clientes avaliaram mal outras pessoas ou nem se deram ao trabalho de tentar, eles quase sempre se arrependeram depois. E, quando avaliaram bem a personalidade dos outros, tomaram decisões mais firmes que renderam resultados excelentes.

Frank é um bom exemplo do primeiro caso. Sem saber ao certo qual candidato escolher, ele me pediu que o ajudasse a avaliar a personalidade deles — na verdade, terceirizando parcialmente sua própria perceptividade com o objetivo de tomar uma decisão. Conduzi uma avaliação psicológica, coletando uma quantidade considerável de informações sobre os três candidatos. Pedi que fizessem testes formais de personalidade e conduzi entrevistas individuais aprofundadas com cada um. Como descrito na introdução deste livro, essa entrevista especialmente projetada sondou as histórias dos candidatos e suas personalidades subliminares, o que me permitiu entender as nuances de quem eles eram realmente.

No fim, concluí que cada candidato tinha impressionantes pontos fortes de personalidade, mas também tinham aspectos de personalidade que os tornavam inadequados para o cargo específico para o qual Frank os estava considerando. Um dos candidatos dava muita importância à autoridade, e, como resultado, nunca enfrentaria Frank nem levantaria objeções quando precisasse fazer isso. Dois eram fortes pensadores estratégicos, mas não tinham o temperamento necessário para mergulhar nos detalhes e operar um dia a dia empresarial complexo. Esse temperamento seria crítico para o papel — o candidato ideal tinha de ser um operador, e não um visionário estratégico como Frank.

No fim, concluí que nenhum daqueles candidatos era adequado para o cargo, e que Frank deveria continuar sua busca. Meu cliente não ficou exatamente empolgado ao ouvir esse feedback. Ele já tinha investido muito tempo e energia avaliando os três candidatos e queria tomar uma decisão rápida e seguir em frente. Contra minhas recomendações, ignorou minha análise e escolheu um dos seus três candidatos — o estrategista que tinha trabalhado em uma grande empresa de tecnologia de quem Frank tinha sido mentor. A escolha não deu certo. Como eu havia alertado, esse candidato, por melhor estrategista que fosse, tinha dificuldade para administrar o dia a dia da empresa e não conseguia fazer a equipe produzir em nível tático. Ele simplesmente não tinha foco na operação. Prioridades importantes lhe escapavam, causando confusão dentro da empresa. Em um ano, Frank o demitiu e o substituiu por outra pessoa.

Em outras situações, integrar insights sobre personalidade na tomada de decisão permitiu que líderes e empresas alcançassem resultados massivos enquanto enfrentavam desafios incríveis. Em um grande escritório de advocacia para o qual trabalhamos, um dos sócios principais — vou chamá-lo de David — era abusivo, causando grandes problemas para a organização. Em uma ocasião especialmente terrível, ele cuspiu em um colega no saguão do prédio da empresa na frente de muitas pessoas (se uma delas tivesse gravado a cena e postado no YouTube, teria viralizado da noite para o dia). Alguns funcionários queriam que David fosse demitido de imediato. Mas a verdade inconveniente era que ele era um advogado muito eficaz e ganhava muito dinheiro para a firma. Se ele fosse embora, alguns dos clientes de perfil mais alto e mais lucrativos também iriam, transformando o escritório em uma sombra do que era antes.

Os gestores de recursos humanos da empresa me chamaram para tentar entender o que fazer com ele. Formalmente, eles estavam perguntando se podiam resolver o problema sem precisar demitir o sócio. No início, o RH me disse que era uma questão de inteligência emocional, e que esse devia ser o foco de qualquer intervenção. Expliquei que emoções são apenas parte da história e que, para realmente ajudar, eu precisava determinar quais fatores de personalidade subjacentes podiam ser relevantes. Eles concordaram, e eu conduzi uma avaliação psicológica de David, que incluiu minha entrevista aprofundada e alguns testes psicométricos formais para obter insights sobre sua personalidade. Minha avaliação confirmou que ele tinha muitos traços que o tornavam um advogado de sucesso: era enérgico, envolvente, convincente, ousado, confortável com o risco — tudo muito útil para um advogado de alto nível. Ele também vivia de acordo com um forte código moral que orientava seu comportamento e fazia com que fosse protetor das pessoas que amava.

Minha avaliação também revelou que ele tinha uma personalidade ansiosa, impulsiva e às vezes irritável. Se David se sentisse remotamente menosprezado, ele ampliava esse sentimento em sua mente e reagia de forma explosiva. Era ambicioso e implacável em sua busca pelo sucesso, mas, em algumas situações, sua natureza passional se manifestava como agressão; sua ansiedade, como mau humor; sua impulsividade, como fracasso em considerar as consequências de seu comportamento. Ele ficava irritado sob pressão e ansioso em relação à própria performance, e seu código moral levava a uma obstinada inflexibilidade, agravada por uma necessidade de estar sempre certo. Ele era perfeccionista, e quando as coisas não eram perfeitas, mesmo que apenas em sua mente, ele reagia. Esses aspectos de sua personalidade podiam fazer com que fosse muito difícil para David conviver bem com os colegas. Quando algum gatilho era disparado, ele tinha tendência a ser agressivo — como naquele dia no saguão.

Como eu disse para David e seus chefes, o advogado não podia magicamente apagar esses aspectos negativos de sua personalidade — eram tão parte dele quanto seus traços mais adaptativos. Uma solução possível era que ele tomasse mais consciência de suas tendências comportamentais e adotasse passos para corrigir ou equilibrá-las. Em outras palavras, ele podia trabalhar para desenvolver um nível de maturidade pessoal que ainda não tinha. Não seria fácil nem aconteceria da noite para o dia. David precisava entender as nuances de sua personalidade tão bem quanto as questões internas com as quais estava lidando e as partes de sua própria história que contribuíram para formá-lo. Se fizesse isso, poderia desenvolver estratégias para moderar suas tendências negativas. Apesar de não ser capaz de erradicar completamente seu mau comportamento, David podia muito bem reduzir sua frequência e severidade a ponto de ser muito menos disruptivo para os outros.

Em contextos corporativos, não é fácil que funcionários problemáticos concordem em fazer terapia, mas felizmente minha mensagem atingiu David. O insight inicial que ele ganhou sobre sua personalidade graças a nossos testes fez diferença, principalmente porque o ajudou a reconhecer padrões de comportamento que não tinha compreendido totalmente e ver como suas tendências naturais minavam sua eficácia no trabalho. Ele começou a fazer terapia e teve progressos significativos em poucos anos: tornou-se capaz de controlar impulsos negativos enquanto mantinha expressões importantes de sua personalidade que por muito tempo contribuíram para seu sucesso. Em vez de deixar o escritório, David agora prospera nele, o que levou a uma melhoria no ambiente.

Na situação de David, não teria sido suficiente focar na inteligência emocional — isso teria lançado luz apenas sobre uma pequena parte de seu problema: a regulação emocional. Isso nunca teria revelado suas questões profundamente enraizadas com autoridade ou sua busca incansável pela perfeição e pela mentalidade de justiça subjacente. Isso não o teria convencido a fazer terapia e mergulhar mais fundo na pessoa que era, para entender por que sua personalidade tinha se desenvolvido daquela maneira, como os mesmos traços que o levavam ao sucesso também incitavam um comportamento destrutivo, e como ele podia ajustar de forma consciente seu comportamento e seu pensamento para moderar a expressão de seus traços subjacentes, se aproximando da pessoa que queria ser.

Para entender as pessoas é preciso saber não apenas o estado de suas emoções, os sentimentos fugazes e como eles são expressos, mas compreender os elementos básicos de quem são como indivíduos: sua personalidade. Saber como pensam, como interagem com os outros, o que as motiva, que emoção característica têm (por exemplo, uma "pessoa feliz") e como funcionam. Dar muita ênfase ao QE na hora de contratar é tolice. Você pode achar que ele ajuda a entender as emoções de candidatos na entrevista para uma posição em sua empresa. Eu não tenho tanta certeza. Ter a habilidade de compreender as emoções dos candidatos pode indicar se eles estão nervosos, sensíveis ou empolgados na entrevista, pode fazer você enxergar como eles administram a ansiedade no momento e entender sua própria reação emocional aos candidatos. Mas você não vai saber como eles provavelmente vão se comportar *depois* da entrevista, inclusive quando se apresentarem para o cargo. Você não vai ter ideia de quem eles são e vai confundir as emoções passageiras deles com os traços previsíveis e estáveis.

TORNANDO-SE MAIS PERCEPTIVO

Levando em conta as relações entre perceptividade e performance, você pode se perguntar se é possível melhorar sua habilidade de observar os outros e entender quem eles realmente são. A boa notícia é que, sim, é possível. Além disso, melhorar sua perceptividade vai ajudar você a avaliar com mais precisão o caráter dos demais e se tornar alguém melhor. Estudos descobriram que bons juízes de personalidade costumam ser mais focados nos relacionamentos, mais agradáveis e ter mentalidade mais positiva que os demais.[61] Mas mesmo sem possuir naturalmente esses traços em abundância, ainda podemos cultivar habilidades específicas, hábitos e tendências que nos permitem avaliar pessoas individualmente. É possível aprender mais sobre o funcionamento da personalidade entendendo como traços individuais levam a comportamentos específicos. É possível melhorar o pensamento sobre o assunto ao expandir o repertório de palavras relacionadas à personalidade, que podemos usar para distinguir nuances sutis de personalidade individual. É possível melhorar a capacidade de compreender esses traços ao observar comportamentos em tempo real, tornando-nos conscientes de nossos preconceitos como observadores. Podemos olhar para dentro, examinando nossos próprios traços essenciais e como eles influenciam nossa conduta.

Tornar-se mais perceptivo pode parecer uma tarefa desafiadora, mas você pode fazer progressos mais rápido do que imagina. Ao longo de minha carreira de vinte anos, desenvolvi um método simples que minha equipe e eu usamos todos os dias para ajudar nossos clientes a melhorar a perceptividade e introduzir insights precisos sobre a personalidade em tudo o que fazem. Esse método é baseado na ciência da personalidade, utilizando a subdisciplina da psicométrica que mencionei antes e sorvendo aspectos facilmente aplicáveis de práticas há muito estabelecidas dentro da psicologia psicodinâmica. No coração desse método há "dicas" extraordinariamente úteis para avaliar rapidamente uma pessoa e tomar decisões mais precisas sobre quem escolher, como construir e administrar relacionamentos, como otimizar a própria performance e como influenciar os outros.

Só para deixar claro, essa ferramenta não vai oferecer um retrato perfeito de si mesmo nem de mais ninguém. Mas, como a máquina de raios X, a perceptividade pode proporcionar uma imagem precisa e com detalhes suficientes para ser útil em sua vida diária de maneira prática. A perceptividade dá a você uma enorme vantagem sobre os atalhos superficiais e estereótipos que as pessoas costumam usar ao avaliar os outros. Ao ver além de raça, religião, *status* socioeconômico, crenças políticas e outras características superficiais, você pode entender a personalidade essencial e tomar melhores decisões pessoais com base nisso.

Imagine como deve ter sido incrível e empoderador para os médicos quando eles viram um raio X pela primeira vez. Isso deve ter mudado toda a perspectiva deles sobre o corpo humano. Minhas dicas — este livro, *per se* — têm como objetivo fazer algo semelhante com as relações interpessoais. À medida que for aprendendo sobre perceptividade e começar a usá-la, você vai descobrir que ela muda por completo sua compreensão sobre o comportamento e sua vivência com os outros. Novas dimensões de conduta entrarão rapidamente em foco, porque você terá uma forma estruturada e embasada de olhar para elas. Com a perceptividade desenvolvida, será possível fazer previsões úteis sobre como as pessoas que conhece podem se comportar, o que, por sua vez, lhe permitirá tomar decisões melhores e mais proveitosas em relação àqueles com quem convive.

Um bom julgamento não é o que passa por sua cabeça. Ele exige entender todo o espectro de quem somos como indivíduos, e não apenas nossa vida emocional passageira. Nos próximos capítulos, vamos explorar como fazer exatamente isso, desenvolvendo, disciplinando e afiando nossos poderes de observação e interpretação sociais.

PRINCIPAIS INSIGHTS

- Se estiver se apoiando na inteligência emocional para tomar melhores decisões sobre as pessoas, você está em apuros. As concepções difundidas sobre QE são bobagem.
- Existe outra abordagem mais profunda do julgamento apoiada pela ciência: a perceptividade, ou a habilidade de entender e avaliar a personalidade humana.
- Os defensores populares da inteligência emocional distorceram uma teoria científica que tem mérito, mas é de utilidade limitada quando se trata de fazer julgamentos.
- Os traços de personalidade são reais e consistentes e influenciam nosso comportamento. Portanto, conseguir identificá-los pode nos ajudar a prever como outras pessoas provavelmente vão se

comportar. Além disso, podemos tomar decisões melhores e mais bem informadas em situações que envolvem outras pessoas.

- Podemos melhorar nossa habilidade de avaliar a própria personalidade e a dos outros. O segredo para isso é mudar radicalmente a forma como julgamos.

Capítulo 2

O MAPA DA PERSONALIDADE

Quando eu estava no ensino médio, minha amiga Michelle me convidou para comemorar seu aniversário. Era uma reunião pequena na casa dela — com apenas cinco ou seis jovens. Eu conhecia todo mundo, menos dois alunos de outra escola que Michelle tinha conhecido no verão. Um deles, uma garota chamada Eva, chamou minha atenção. Eu a achei incrivelmente atraente — ela não era apenas bonita, mas também tinha um quê de felicidade, assim como uma centelha de travessura. Embora ela parecesse muita areia para meu caminhão, eu reuni coragem para conversar com ela.

Imagine minha surpresa e prazer quando, mais ou menos uma hora depois que cheguei em casa, Michelle me ligou para dizer que Eva tinha gostado muito de mim e queria que eu ligasse para ela. Tentei ficar calmo, mas por dentro eu estava dando socos no ar e gritando "Isso!". Liguei para Eva e acabamos conversando por horas naquela mesma noite. Algo estava se encaixando, mas eu não tinha ideia do que era. No dia seguinte, ela apareceu na minha escola pouco antes do almoço para se encontrar com Michelle, mas eu sabia que na verdade ela estava ali para me ver. Eu tive a chance de mostrar o lugar para Eva e depois fomos almoçar com vários amigos. Embora eu mal a conhecesse, ela parecia muito divertida, o tipo de pessoa com quem eu gostaria de andar. Meus hormônios de 17 anos estavam correndo como loucos.

Em geral, eu era meio desligado em relação às garotas, mas dessa vez entendi a dica e a chamei para sair. Fomos jantar naquela mesma semana. Era minha grande oportunidade de avaliar sua personalidade e ver se ela seria uma boa "namorada". Fiz o que a maioria faria quando está tentando conhecer alguém: elaborei perguntas, escutei com atenção e, ao mesmo tempo, tentei parecer interessante e envolvente.

Mas quando Eva se sentou à minha frente e tentei perceber quem ela era de verdade, me senti esmagado. Havia muitas sutilezas em que prestar atenção: os detalhes que ela relembrava em suas histórias, as palavras que usava, a forma como se comportava, as opiniões que tinha, as referências culturais que fazia, o tom de voz que adotava, a comida que pediu, as roupas que usava, as expressões faciais que adotava... uma lista sem fim.

No dia seguinte um amigo meu perguntou como tinha sido o encontro. Eu me vi em um estado de confusão. Embora gostasse de Eva e houvesse uma ótima química entre nós, não consegui obter uma imagem clara de quem ela era como pessoa. Eu chamo essa sensação de sobrecarga em situações sociais de Problema de Excesso de Dados, e ele aflige todo mundo que busca obter um insight rápido sobre a personalidade de alguém. Em determinada ocasião, qualquer que seja, são tantas informações chegando até nós com tamanha velocidade que podemos não conseguir alcançar nenhum insight claro. Outros fatores também podem dificultar nossa observação e interpretação de traços de personalidade. Se estivermos distraídos ou cansados, podemos ser ainda menos capazes de prestar atenção e examinar os dados que chegam até nós.

A solução óbvia é não ter pressa para conhecer as pessoas, observando-as ao longo de diversas interações e em uma variedade de ambientes, e também conseguir feedback sobre sua personalidade com outros que as conheçam. Eu tive sorte de passar certo tempo com Eva em vários outros momentos durante as semanas seguintes. Ela apareceu na minha escola no dia seguinte ao encontro (um ótimo sinal!) e saímos juntos. Fomos jantar, vimos um show incrível dos Rolling Stones (depois do qual nos beijamos pela primeira vez), fomos ao cinema, conversamos ao telefone por horas e horas, e muito mais. Conforme esses encontros aconteciam, aprendíamos cada vez mais um sobre o outro — e gostamos do que víamos. À medida que mais tempo se passou, começamos um relacionamento, nos apaixonamos, rompemos por algum tempo, voltamos a ficar juntos e, no fim, nos casamos. Trinta anos e três filhos depois, ainda estamos juntos.

Em muitas situações profissionais, não temos o luxo de conhecer um futuro colega, funcionário, cliente ou sócio de forma lenta e gradual. Uma entrevista rápida ou um almoço é tudo o que conseguimos. Mesmo quando estamos saindo com alguém, a maioria quer formar julgamentos sobre possíveis parceiros o mais depressa possível, para não perder tempo com um relacionamento que não vai acontecer ou não vai funcionar para nós. Então, como podemos avaliar com mais rapidez os traços essenciais da personalidade de outra pessoa — o que a torna única como indivíduo — a partir do que faz ou diz? É possível conhecer alguém bem o bastante para tomar decisões importantes com confiança a partir de apenas alguns encontros sociais?

Especialistas sugerem vários tipos de perguntas úteis que podemos fazer para aproveitar ao máximo entrevistas de emprego, encontros e eventos similares.[1] Mas esses conselhos geralmente são aleatórios, sem base científica e nada práticos. E o simples fato de ter um conjunto de perguntas no bolso ao entrar em uma interação social não significa que vamos conseguir entender a enxurrada de dados — alguns úteis, outros não — que essas perguntas vão provocar.

Precisamos de uma nova lente para as interações sociais, um jeito de interpretar informações sobre as pessoas de modo a contornar a complexidade e focar rapidamente no que é importante, ignorando o que não é. Essa lente existe. Como vimos no Capítulo 1, cientistas usaram técnicas estatísticas para destacar alguns agrupamentos básicos de traços essenciais — dimensões-chaves de personalidade — que nos permitem descrever as pessoas e prever com precisão seu comportamento. Pesquisadores variam em seus relatos sobre o número exato de traços essenciais, mas surgiu um modelo dominante que resume a personalidade em cinco dimensões.

Eu desenvolvi minha própria versão desse modelo em meu trabalho, que considero mais relevante e fácil de entender e explicar. Eu a chamo de Mapa da Personalidade. Refinei e empreguei esse modelo para avaliar de maneira rápida e eficiente milhares de pessoas ao longo dos últimos vinte anos. Com meu Mapa, você vai estar em situação muito melhor para entender os outros e tomar decisões importantes sobre quem contratar, demitir, promover, se associar e muito mais. Também podemos usar o Mapa para tomar grandes decisões na vida pessoal, inclusive com quem namorar e casar, de quem ser amigo, que babá contratar e a melhor maneira de administrar esses e outros relacionamentos.

A ideia do Mapa é organizar os insights de um jeito que ajude a evitar o Problema de Excesso de Dados e assim entender a essência básica de uma pessoa. Pense nisso da seguinte maneira: você já tentou organizar grandes pilhas de papel pegando um monte de cada vez, segurando-as nos braços e levando-as para onde precisa? Logo você descobre que está carregando papéis demais, e eles começam a cair. Mas transportar esse material solto demora muito, então o que faz? Você o coloca em grandes caixas de papelão. Quando estão encaixotados, é possível fazer o que quiser com os papéis, com facilidade e eficiência. Transportá-los, catalogá-los, arrumá-los e, por fim, dar significado a eles torna-se infinitamente mais factível.

De forma semelhante, meu Mapa não vai oferecer uma lista exaustiva para descrever quem você deseja avaliar. Seres humanos são complexos demais para isso, e é difícil até mesmo perseguir esse objetivo. Em vez de tentar identificar centenas de traços diferentes e comparar pessoas umas com as outras com base nisso, podemos conseguir insights valiosos sobre como indivíduos vão se comportar concentrando-nos em apenas algumas dimensões específicas. Organizar insights em "caixas" figurativas correspondentes a dimensões cientificamente determinadas leva a uma leitura muito mais precisa e útil sobre as pessoas. Isso nos dá todo um novo ponto de observação do mundo, uma espécie de visão de raio X que podemos usar para tomar decisões mais inteligentes e confiáveis. Para fazer um bom julgamento e atingir nossos objetivos, o Mapa pode ser a estrutura básica mais importante que vamos ter.

O SURGIMENTO DOS "BIG FIVE"

Antes de apresentar o Mapa da Personalidade, gostaria de tirar um momento para discutir suas origens. Previamente, contei que o nascimento da psicometria durante o início do século XX levou a uma busca de 75 anos para descobrir a verdadeira estrutura da personalidade, com pesquisadores usando matemática e estatística para isolar traços de personalidade. No início, esses estudiosos se concentraram em palavras, adotando o que hoje chamamos de abordagem léxica da personalidade. Cientistas concluíram que, como os humanos tendem a passar características físicas de geração para geração, as características psicológicas também deviam persistir nas palavras que usamos. Para entender personalidade, podemos analisar a linguagem na busca de aspectos de caráter que deram origem a muitos termos descritivos em determinada língua — e que também são expressos em *outras*. As áreas de diferença mais importantes entre indivíduos, teorizaram os psicólogos, são aquelas com inúmeros sinônimos, cada um deles com nuances em significado, e aquelas que são reconhecidas por pessoas em diversas culturas.[2]

Pesquisadores reuniram grandes listas de adjetivos relacionados à personalidade — tudo, desde "aéreo" a "zeloso" — e isolaram matematicamente aqueles que de fato representam fenômenos distintos. Ao fazer pessoas responderem a pesquisas nas quais davam notas a si mesmas em diversos traços (e fazer com que outros as avaliassem também), pesquisadores conduziram análises estatísticas para descobrir padrões sob os quais os traços tinham a tendência de se agrupar. Caso tivesse dado a si mesmo uma nota alta em "extrovertido", por exemplo, uma análise poderia revelar uma grande probabilidade de ter se avaliado da mesma forma em traços relacionados, como "agregador", "sociável" e "ativo". De forma semelhante, isso também indicava probabilidade baixa ou moderada de se avaliar bem em outros traços que pareciam mais distantes, como "honesto" ou "inteligente" ou "diligente".

Procedendo dessa maneira, cientistas procuraram identificar alguns poucos grupos distintos de traços que dariam à personalidade uma estrutura básica. Como explicaram, eles procuravam compreender fatores de personalidade da mais alta ordem — as categorias amplas de traços que definem quem somos. Trabalhando durante os anos 1920 e 1930, um brilhante psicólogo de Harvard chamado Gordon

Allport descobriu que havia quase dezoito mil palavras na língua inglesa para descrever a personalidade humana.[3] Ao organizar esses traços hierarquicamente de acordo com seu significado, Allport propôs que eles formassem os blocos que constroem a personalidade, dando origem às diferenças individuais no pensamento, nas emoções, no comportamento e nas motivações.[4]

A questão entre os estudiosos passou a ser exatamente quantos fatores de personalidade da mais alta ordem realmente existiam. Hans Eysenck, um controverso psicólogo britânico, teorizou que existiam apenas três categorias — e as identificou como extroversão, neuroticismo ou instabilidade emocional, e psicoticismo (uma espécie de poção de bruxa que mistura várias características).[5] Vale mencionar que Eysenck postulou todos os tipos de teorias dúbias sobre personalidade durante sua carreira, muitas das quais foram veementemente rechaçadas. Por exemplo, ele acreditava que havia um tipo de "personalidade câncer", e também propôs hipóteses racistas sobre a inteligência. Embora Eysenck fosse profundamente falho como pessoa e sua maior teoria ter se provado falsa, seu modelo de personalidade de três fatores teve grande influência por muitos anos.

Claro, outras teorias também ganharam força. Em 1934, o renomado psicólogo Louis Thurstone fez uma grande palestra na qual apresentou uma pesquisa mostrando que a personalidade "pode ser avaliada pela postulação de apenas cinco fatores comuns independentes."[6] Alguns trabalhos durante os anos 1940 e 1950 sugeriam que havia até dezesseis fatores.[7] Ainda assim, outras pesquisas continuaram indicando o modelo de cinco fatores.[8]

Na primeira metade do século XX, essa linha de pesquisa produziu uma miscelânea confusa de modelos — uma situação que infelizmente não mudaria tão cedo. Foi mais ou menos nessa época que Sigmund

Freud, o fundador da psicanálise, introduziu suas famosas teorias tanto para a psicologia acadêmica quanto para o público mais amplo. As visões de Freud sobre personalidade mudaram toda a disciplina na direção do inconsciente, com as pessoas interessadas em saber *por que* se comportam de determinada maneira em vez de apenas descrever a natureza da personalidade. Suas ideias foram influentes na época, mas nem todas envelheceram bem. Em especial, Freud foi ridicularizado por sua aparente ênfase excessiva em impulsos sexuais (o infame complexo de Édipo ainda está por aí, mas não há evidência de sua verdadeira existência). Ainda assim, algumas de suas descobertas essenciais — que experiências na infância alteram nossa personalidade como adultos; que pensamentos e motivações inconscientes impulsionam nossos comportamentos e que usamos mecanismos psicológicos para nos defender de pensamentos psicologicamente prejudiciais — foram realmente revolucionárias e resistem até hoje. Na verdade, nossa compreensão sobre as pessoas e suas personalidades se deve muito mais a Freud do que a maioria dos psicólogos atuais gostaria de admitir.

Durante os anos 1940 e 1950, os cientistas estavam focados em popularizar testes que permitiriam que psicólogos de orientação psicanalítica descrevessem a personalidade dos pacientes. Olhando para trás, alguns desses testes eram muito loucos. O famoso teste de Rorschach, desenvolvido décadas antes, mas popularizado durante essa época, apresentava manchas de tinta ambíguas e pedia que as pessoas descrevessem o que viam. Outros "testes projetivos" foram desenvolvidos, incluindo o teste "Desenhe uma pessoa" (exatamente o que parece: você desenha pessoas, que são então analisadas por psicólogos) e o teste da apercepção temática (olhar para uma imagem ambígua e descrever sua percepção da história que ela retrata).

Enquanto testes quantitativos avaliam a personalidade em relação a uma norma ou padrão objetivo, testes projetivos são mais subjetivos, e alguns psicólogos os consideram menos confiáveis e pouco úteis como guias para revelar traços de personalidade.[9] É importante observar que inúmeros psicólogos consideraram o teste de Rorschach essencialmente inútil e até mesmo pseudociência, apesar de seu ar de validade. "Eu gostaria de dar um conselho ao leitor", escreveu certa vez o psicólogo estadunidense Robyn Dawes. "Se um psicólogo estiver avaliando você em uma situação de risco e lhe perguntar sobre manchas de tinta... vá embora do consultório. Fazer esse exame cria o risco de que uma decisão séria seja tomada sobre você com bases totalmente inválidas."[10]

Embora não tivessem validade científica, muitos desses testes proliferaram, em parte porque o Exército dos Estados Unidos precisava avaliar se seus recrutas eram adequados para o cargo de oficial ou outros postos, e em parte devido à crescente popularidade de pensadores psicanalíticos como Freud e Carl Jung entre o público geral.

Outro fator importante que levou ao crescimento dos testes de personalidade na época foi a proliferação de empresas de consultoria que vendiam aconselhamento de negócios para corporações. O Hay Group, fundado na Filadélfia em 1943, começou usando os primeiros testes de personalidade em seu trabalho de consultoria, assim como fazia a Rohrer, Hibler & Replogle, uma empresa de Chicago que se tornou a primeira firma de psicólogos a dar consultoria para líderes empresariais — essa segunda empresa ainda existe, agora chamada apenas de RHR, na qual passei oito anos no início de minha carreira.

Os modelos de personalidade caíram em relativa obscuridade durante as décadas de 1960 e 1970, quando a psicologia se tornou cética em relação à própria noção de traços de personalidade, e mais ainda sobre nossa habilidade de agrupá-los cientificamente e avaliá-los nos outros. Como um estudioso observou, os psicólogos passaram a ver os teóricos da personalidade como "bruxos de trezentos anos atrás", notando que "é difícil encontrar um em carne e osso ou mesmo conhecer alguém que tenha encontrado um".[11] Durante os anos 1980, porém, pesquisadores começaram a resgatar a noção de Thurstone dos cinco fatores importantes da personalidade e a encontrar evidências deles em inúmeros estudos anteriores. Uma pesquisa quantitativa conduzida por diversos estudiosos levou ao consenso de que podemos descrever com segurança a personalidade individual focando em apenas cinco supercategorias de traços.[12] Em 1996, os psicólogos Paul Costa e Robert McCrae publicaram um importante artigo sobre o tema no qual revisaram décadas de pesquisas sobre traços de personalidade e confirmaram o que se tornou conhecido como o modelo de cinco fatores. Desde então, quase todos os pesquisadores em psicologia passaram a defender esse modelo. Os "Big Five", como essa estrutura se tornou conhecida, são hoje o mais perto de uma lei científica fundamental que existe na psicologia.

O que exatamente são esses Big Five? Se você teve aula de psicologia da personalidade na faculdade, deve se lembrar do acrônimo em inglês que descreve essas dimensões: OCEAN. *Openness* ou Abertura (O), a receptividade a experiências, tem a ver com o nível em que você é criativo, inventivo, mente aberta, ou, ao contrário, de mente mais convencional, rígida e desinteressada. *Consciousness* ou Conscienciosidade (C) descreve se você é pontual, trabalhador e organizado, ou se está sempre atrasado, é preguiçoso e desorganizado. *Extroversion* ou Extroversão (E) captura se você gosta de sair, é ativo e sociável, em oposição a reservado, quieto e solitário. *Agreeableness* ou Agradabilidade (A) é sobre ser generoso, simpático, amistoso e digno de confiança, e o contrário é ser avarento, antipático e indigno de confiança. Finalmente, o *Neuroticism* ou Neuroticismo (N) abrange se você é ansioso, envergonhado e emocional, ao contrário de calmo, confiante e equilibrado.[13]

Cada um desses grupos cobre muito mais terreno conceitual do que indiquei, mas deu para entender o espírito. Podemos vê-los como fatores "da mais alta ordem" porque são ao mesmo tempo independentes uns dos outros e os blocos estruturais dos quais derivam todos os outros traços humanos. Dito isso, esses cinco fatores capturam o que é mais evidente e importante sobre a personalidade de um indivíduo. Qualquer outra palavra que usemos para descrever a personalidade humana acaba se encaixando em um desses traços amplos. Além disso, se um teste de personalidade revela que você tem pontuação alta em um desses cinco fatores, essa pontuação sugere que você também pontuará alto em todos os outros com mais nuances que correspondam a esse fator.

Cientistas também descobriram que sua pontuação nesses testes pode prever com precisão considerável como você provavelmente vai se comportar no futuro — boa notícia para líderes e empresas em busca de uma ferramenta para ajudá-los a fazer bons julgamentos. De forma significativa, descobriram que pontuação alta em certas áreas — Conscienciosidade, por exemplo — tem relação com maior sucesso em determinados empregos, e a Agradabilidade prevê isso em outros.[14]

Durante o início dos anos 2000, os psicólogos canadenses Michael Ashton e Kibeom Lee propuseram outro modelo de personalidade, chamado HEXACO, que ampliava a estrutura para incluir seis fatores.[15] Os dois pesquisadores desenvolveram o HEXACO usando uma abordagem léxica semelhante à dos Big Five, com um detalhe: incluíram também palavras não inglesas. O sexto fator identificado por Ashton e Lee se chama "Honestidade-Humildade" e abarca traços como modéstia e aversão à ganância. Enquanto o HEXACO gerou certa animação no campo, pesquisadores da personalidade não conseguiram validá-lo com consistência,[16] o modelo não tem diferenças substanciais dos Big Five e não há testes apropriados para medi-lo.[17] Por essas e outras razões, poucos psicólogos fora da academia usam o HEXACO, e os Big Five continuam sendo o modelo de personalidade mais aceito.

POR QUE OS BIG FIVE NÃO SÃO SUFICIENTES

A identificação dos Big Five foi uma conquista importante na psicologia e teve impacto profundo na sociedade. Hoje em dia, milhares de consultores usam testes de personalidade com base nos Big Five para avaliar a personalidade de candidatos e ajudar organizações a tomarem decisões importantes. Profissionais bem-informados e eficazes preferem pesquisas cientificamente válidas como as que descrevi, nas quais pessoas dão notas a si mesmas em afirmações descritivas que estabelecem conexões com traços relevantes. Outros profissionais usam testes mal desenvolvidos que não derivam desse modelo, inclusive testes que parecem adequados, mas são inválidos, como os populares Tipologia de Myers-Briggs, DISC ou CliftonStrengths. Outros, ainda, usam testes projetivos ultrapassados — sei de uma empresa que ainda usa testes de manchas de tinta para selecionar executivos. Leitores americanos podem se surpreender ao saber que algumas empresas europeias continuam contratando grafologistas para analisar a letra de candidatos e desvendar a personalidade deles (dica de profissional: não faça isso!).

Levando em conta minha experiência em avaliação de personalidade, eu uso testes derivados dos Big Five (alguns dos quais vou descrever mais adiante neste livro) em meu próprio trabalho com clientes como parte do processo de avaliação. Na verdade, em minha pesquisa de doutorado, apliquei testes quantitativos de personalidade a uma crescente ruptura social e ao que eu acreditava ser um problema social iminente. Durante o fim dos anos 1990, fiz uma pesquisa muito focada na combinação de traços de personalidade com processos de pensamento que pudessem prever quem poderia se viciar em internet. Depois de aplicar testes de personalidade e coletar dados de padrões comportamentais, demonstrei estatisticamente que pessoas com baixa Extroversão, altos níveis de Neuroticismo e baixos em Conscienciosidade corriam o risco de cair em padrões de uso excessivo de internet.[18] Isso fez sentido. Pessoas com Extroversão baixa usavam a internet como um substituto social, achando mais fácil se comunicar com os outros on-line do que pessoalmente. Pessoas com níveis altos de Neuroticismo costumam ter problemas com o controle de impulsos, e isso significa que, para elas, é mais difícil parar depois que começam a navegar. E pessoas com baixa Conscienciosidade frequentemente procrastinam — algo com certeza ligado ao vício em internet.

Entretanto, como décadas de trabalho aplicado desde meus dias de universidade me ensinaram, mesmo os melhores testes com base nos Big Five não capturam por completo a complexidade dos seres humanos. Uma coisa é entender se a pessoa tem determinado traço, outra bem diferente é saber como ela vai *expressar* esse traço em seu comportamento real, que é o que na verdade nos interessa. Eu com frequência encontro pessoas que têm perfis de personalidade semelhantes em testes mas cujo comportamento é completamente distinto. O que responde por essa diferença, acredito, são os contextos específicos em que as pessoas operam e as experiências únicas que tiveram em seu crescimento e desenvolvimento. Um teste genérico não vai captar isso. É aqui que a riqueza da psicologia psicanalítica entra em ação. Somos indivíduos com nuances que vivem vidas únicas. Em minha opinião, os Big Five fornecem a estrutura holística da personalidade, mas as histórias individuais dão cor à totalidade de quem somos. Nossa jornada pessoal é o que faz de cada um de nós único.

Você se lembra de David, do último capítulo, o sócio de um escritório de advocacia que cuspiu em um colega na frente de todo mundo? Quando fez testes quantitativos, ele teve pontuações bem altas no traço de Neuroticismo. Seus testes mostraram que ele era propenso a duvidar de si mesmo, não encarava bem as críticas, tinha tendência a reagir na defensiva e podia ser irritadiço, mal-humorado e difícil de lidar. No trabalho, esse aspecto de sua personalidade o tornava propenso a proteger exageradamente seu território e a reagir a qualquer sinal de agressividade de terceiros. Ele era muito combativo, mas, sob aquele rígido exterior, era cheio de dúvidas sobre si mesmo. Em sua essência, ele tinha necessidade dos outros, sempre buscando validação e ficando com raiva ou aborrecido quando não a obtinha. David também tinha tendência a reagir agressivamente com chefes e outros em posição de poder, parecendo nutrir um ressentimento em ebulição.

Em um contexto totalmente diferente, apliquei o mesmo teste de personalidade em outro indivíduo, a quem chamaremos de Stuart, e ele também teve pontuação alta nos níveis de Neuroticismo. Stuart era ansioso e reativo em relação aos outros e não aceitava bem críticas. Mas não demonstrava o mesmo nível de dependência ou carência de David, nem se comportava de forma agressiva em relação a pessoas em posições de poder. Em vez disso, costumava responder de forma mais tranquila, evasiva e passivo-agressiva. Quem o conhecesse, veria uma pessoa insegura: alguém humildemente preocupado, sem confiança nas próprias habilidades e sempre vendo o lado ruim da vida. Dois homens, dois resultados de teste parecidos, mas com comportamentos muito diferentes que afetariam a avaliação deles na hora de tomar decisões importantes.

Ir além de testes de personalidade quantitativos nos permite entender melhor essa diferença no comportamento dos dois. Ao fazer uma entrevista psicológica longa e aprofundada com David, descobri que sua personalidade era moldada por abusos devastadores, físicos e emocionais, que ele tinha sofrido quando criança nas mãos do pai dominador. Como muitas crianças traumatizadas, David aprendeu com o tempo a lidar com seus medos alimentando uma raiva profunda dentro de si. Dessa forma, estava sempre pronto para agredir ao primeiro sinal de menosprezo, porque o trauma que tinha experimentado ainda estava muito vivo para ele.

Stuart também tinha sofrido traumas na infância, mas de um tipo muito diferente. Em uma entrevista emocionalmente intensa sobre seus primeiros anos, ele contou uma história horrível de violência familiar e abandono. Quando ele era menino, seu pai assassinou sua mãe e foi condenado à prisão perpétua. Desde então, Stuart viveu a infância com a tia e o tio, e em boa parte do tempo teve que se virar sozinho. Ele também emergiu desse trauma bem ansioso e reativo em relação aos outros, mas isso se manifestava como medo em vez de fúria. Stuart estava sempre em alerta para um desastre iminente, temeroso do que poderia acontecer se ele aborrecesse alguém, e sentimental diante de qualquer sinal de emoção.

Como esse exemplo sugere, somos mais do que nossa pontuação nos testes. Somos seres inteiros, com complexidades, nuances e coisas intangíveis que uma avaliação simplesmente não captura. Cada um de nós é uma combinação das próprias experiências, criação, do mundo mais amplo com o qual interage quando criança e das pessoas com as quais entra em contato — tudo influencia as narrativas que criamos sobre a vida. Para realmente compreender as outras pessoas, precisamos entender essas narrativas pessoais com uma abordagem mais psicodinâmica (outra palavra para psicanalítico), que reconheça o impacto que o início de nossa vida tem sobre nós. Em vez de apenas pontuações quantitativas das pessoas, precisamos de categorias qualitativas que nos permitam preencher as lacunas.

Essas limitações dos testes dos Big Five têm consequências enormes. Muitas empresas se contentam em testar candidatos e se recusam a fazer ofertas de emprego apenas com base em resultados de testes. Sem saber, elas estão obtendo apenas uma leitura parcial de como os candidatos vão se comportar no emprego. Como resultado, correm o risco de contratar as pessoas erradas e de recusar candidatos muito atraentes. O teste dos Big Five pode nos orientar de forma geral sobre a personalidade dos indivíduos, mas, para termos um quadro útil e preciso, devemos considerar outros dados. E, quanto mais significativa e complexa for a decisão em mãos, mais informações são necessárias para se sentir confiante.

OS BIG FIVE COMO UM MODELO OU MAPA INTERPRETATIVO

Para reunir dados adicionais, há outra maneira de usar os Big Five: não como base para um teste psicológico, mas como *estrutura qualitativa a fim de nos ajudar a observar comportamentos e avaliar personalidades em situações da vida real.* Os Big Five podem auxiliar na resolução do Problema de Excesso de Dados ao fornecer um modelo mental a ser utilizado para selecionar a informação que chega até nós. Em outras palavras, ajuda a organizar os insights qualitativos que temos das pessoas, sem avaliá-las ou descrevê-las. Em vez de tentar obter informações aleatórias sobre a pessoa sentada a nossa frente, podemos focar nossa atenção em apenas cinco grandes áreas de investigação, separando as informações relevantes e as organizando em nossa mente à medida que chegam. Como veremos no próximo capítulo, podemos até fazer perguntas com a intenção de obter dados sobre cada um dos cinco traços. Se por acaso virmos a pessoa em outras ocasiões, mas por períodos curtos, é possível se concentrar em apenas um dos Big Five para ver o que descobrimos. Ao restringir o escopo da informação sobre o que consideramos relevante, podemos aprofundar insights em áreas limitadas sob nosso olhar.

Usar os Big Five como modelo interpretativo durante encontros pessoais pode nos ajudar a completar o que testes quantitativos não captam. Durante conversas, pessoas revelam níveis dos Big Five em sua riqueza e especificidade, frequentemente nos permitindo ligar esses traços a seu contexto e história pessoais. O discurso e os comportamentos não verbais *incorporam* os níveis diretamente — estão ali para que possamos experimentá-los. Não significa receber um número indicando um nível alto ou baixo de determinada característica. Você vê esse traço ganhar vida a sua frente, incorporado de forma única, que pode ser descrito qualitativamente.

Enquanto escrevia este livro, fiz um voo de três horas de Toronto para a cidade razoavelmente remota de Winnipeg. Pouco antes da decolagem, o comissário de bordo nos informou que partiríamos com atraso porque alguns passageiros estavam correndo para alcançar o voo. Vinte minutos depois, esses passageiros embarcaram, e um deles, uma mulher na casa dos cinquenta, se sentou ao meu lado. Irene, como vou chamá-la, parecia um tanto tensa e cansada e me contou que teve de reservar uma conexão muito curta e ficou grata por ter conseguido chegar a tempo. Ela era muito falante e animada e, durante a hora seguinte, começou a me contar a história de sua vida e um pouco mais.

Eu soube que era enfermeira e trabalhava em áreas remotas no norte de Manitoba, que tinha dois filhos beirando os trinta, que estava com problemas financeiros, que não ligava muito para sobremesas, que recentemente tinha passado férias na República Dominicana e teve uma infecção alimentar, que o marido era professor aposentado, que alguns países do mundo tinham ótimos sistemas educacionais, mas outros não. Ela tinha um comportamento frenético enquanto relatava tudo isso, falando depressa e em lufadas, gesticulando com as mãos — em um momento, quase derrubou seu vinho sobre mim e depois se desculpou repetidas vezes.

Achei Irene uma pessoa adorável, amistosa e nada ofensiva nem excessiva. De uma perspectiva psicológica, nosso encontro foi extremamente revelador de sua personalidade. Quando vista em conexão com os Big Five, sua tagarelice comigo, um estranho completo, revelou que era alta em Extroversão. Ela não precisava de fones de ouvido, queria conversar. Em paralelo a isso, o atraso, a conexão mal planejada e sua apresentação frenética apontavam para sua baixa Conscienciosidade — essa não era a primeira vez que ela se atrasava para alguma coisa. Além disso, senti que Irene odiava se atrasar, mesmo que estivesse sempre atrasada. Ela sinalizava um nível de Neuroticismo alto, assim como ansiedade e intensidade, que a faziam falar depressa, de forma desconexa com o que tinha falado antes, e quase a fazendo derramar vinho em cima de mim.

Sem se dar conta, Irene expôs abertamente todos esses traços de personalidade para mim em um curto período de tempo. Eles estavam bem ali na superfície, prontos para serem interpretados. Além disso, eram expressos por meio de linguagem e movimentos corporais específicos, que estavam conectados a elementos de seu contexto e história pessoal. Tudo o que eu precisava era de uma estrutura que me permitisse prestar atenção de certa maneira, separar os sinais dos ruídos e dar sentido ao que eu estava vendo e ouvindo.

Utilizados como tal estrutura, os Big Five servem muito bem como um mapa de personalidade. Um projeto arquitetônico é um plano de construção, uma abstração que nos ajuda a entender aspectos-chave de como a estrutura definitiva vai parecer. Um projeto, ou planta, fornece um modo de organizar as dimensões, a aparência e o conteúdo de cada um dos espaços a serem construídos. Digamos que você tenha uma planta de uma casa nova. Com ela em mãos, é possível comprar móveis sabendo qual vai para que aposento. Você vê um sofá e sabe que ele vai para a sala de estar, enquanto aquela mesa bonita vai para a de jantar e a cama para o quarto. A própria estrutura de uma casa permite que você entenda a loja enquanto anda por ela. De forma semelhante, os Big Five, quando usados como um projeto interpretativo, não medem a personalidade de alguém, mas nos permitem organizar e dar sentido a aspectos do caráter de um indivíduo. Ao entendermos essas dimensões da personalidade, ficamos na melhor posição para tomar boas decisões sobre as pessoas.

Em última análise, o uso dos Big Five como modelo ajuda a disciplinar nosso envolvimento em interações sociais, permitindo que as experimentemos de uma forma mais alinhada aos nossos objetivos. Sem uma ferramenta interpretativa como essa, podemos até observar, mas não conseguimos necessariamente extrair informações úteis sobre a personalidade de alguém. Por conseguinte, tendemos a agir de maneira confusa, captando pensamentos dispersos sobre os outros e sem nos aprofundarmos em suas personalidades. Ao utilizar os Big Five como guia, podemos identificar com rapidez padrões que nos permitem prever as atitudes de indivíduos e, consequentemente, aprimorar a qualidade de nosso julgamento.

USANDO O MAPA

No início de minha carreira, quando comecei a avaliar pessoas e suas personalidades, percebi uma coisa: os Big Five eram cientificamente válidos e previsíveis, mas também insuficientes. Eles captavam informações importantes sobre a personalidade de uma pessoa, mas não a definiam. Por exemplo, a maioria de nós provavelmente levaria em conta as motivações de uma pessoa — inclusive de quem ela gosta, suas prioridades na vida, quão religiosa é, se é motivada por dinheiro e fama, quanto risco está disposta a correr, quão ambiciosa é e assim por diante — como parte importante ou mesmo definidora de sua personalidade, mas os Big Five não captam os traços motivacionais.

Da mesma forma, nossas capacidades intelectuais — não apenas quão inteligentes somos, mas que tipo de pensadores somos, como tomamos decisões, quão estratégicos ou táticos somos, se somos céticos, filosóficos, teóricos ou práticos — também ajudam a definir quem somos como indivíduos. Mais uma vez, isso é pouco captado pelo teste dos Big Five, que mede a abertura a ideias novas, mas não como uma pessoa realmente pensa ou quão boa ela é em solucionar problemas. Eu também discordo da linguagem dos Big Five; é muito estranha, complicada demais e difícil de explicar para os clientes (experimente contar a um leigo que ele tem níveis altos de Neuroticismo).

Incomodado com essas deficiências, modifiquei a estrutura que estava usando para avaliar a personalidade em situações sociais, e acabei criando um modelo que, embora seja baseado nos Big Five, foi projetado para gerar informações úteis de forma mais específica para tomar decisões práticas sobre pessoas. Eu chamo essa estrutura de Mapa da Personalidade (**Figura 1**).

UM MAPA PRÁTICO PARA JULGAR PERSONALIDADE

Caixa nº 1: Intelecto — Como as pessoas pensam
Caixa nº 2: Emocionalidade — Como as pessoas expressam emoções
Caixa nº 3: Sociabilidade — Como as pessoas se relacionam com as outras
Caixa nº 4: Motivação — Por que as pessoas fazem o que fazem
Caixa nº 5: Diligência — Como as pessoas realizam as tarefas

Figura 1. Mapa da Personalidade

Eu usei a palavra *caixa* para descrever cada categoria de informação porque quero que você pense literalmente em colocar informações sobre as pessoas em uma dessas cinco caixas. Imagine essas caixas cheias, dispostas da esquerda para a direita. Quando você conhecer alguém e essa pessoa revelar algo sobre si, ponha mentalmente cada insight que tiver em uma dessas caixas. Agora você pode dizer: "Espere, Richard, você está me dizendo para colocar as pessoas em uma caixa?". A isso respondo da seguinte maneira: "Não, eu não ponho pessoas em uma caixa; eu as ponho em *cinco* caixas".

Vamos examinar cada uma dessas cinco caixas com um pouco mais de detalhe. A primeira, Intelecto, descreve a forma como as pessoas processam as informações, tomam decisões e solucionam problemas. Ao tentar avaliar uma pessoa, é de suma importância entender quão inteligente ela é, no sentido tradicional, quão impulsiva ou contida é, quanto seu pensamento é prático e quanto suas ideias são organizadas. Uma pessoa é mais analítica ou mais intuitiva? Ela é decidida? Focada? Meticulosa? Com que velocidade e precisão processa ideias? Tem mentalidade mundana e global? É criativa? Qual é seu nível de tolerância ao risco? Consegue lidar com ambiguidades? É capaz de ter flexibilidade de pensamento? A caixa do Intelecto cobre informações qualitativas relacionadas a traços de personalidade (inclusive aqueles encontrados no fato de estar aberto a novas experiências dos Big Five) e intelecto geral. Ela deve te ajudar a captar as habilidades de uma pessoa para solucionar problemas, pensar e tomar decisões.

A segunda caixa, Emocionalidade, é semelhante ao nível de Neuroticismo nos Big Five, descrevendo como os traços emocionais afetam o comportamento. Observe que não estou falando aqui sobre quanto as pessoas podem ou não ser emotivas quando as conhece, mas como elas normalmente tendem a experimentar ou expressar suas emoções. Algumas pessoas lidam com suas emoções e as expõem completamente. Outras lidam com o estresse contendo as emoções e se afastando da questão e dos outros em geral. Como um aparte, há um campo de pesquisa na psicologia chamado teoria do apego que afirma que o modo como as pessoas lidam com as emoções frequentemente reflete sua ligação inicial com os pais ou outras figuras de autoridade.[19] Aqueles de nós que crescem em lares amorosos tendem a demonstrar calor e maturidade emocional. Aqueles que crescem com relacionamentos frios e distantes dos pais frequentemente contêm suas emoções ou também parecem distantes. Por fim, os que crescem em ambientes emocionalmente imprevisíveis ou carregados tendem a demonstrar indícios de imaturidade errática e emocional. Para entender pessoas, é extremamente importante determinar como elas lidam emocionalmente com a vida. Qual o estado de ânimo típico da pessoa (ela é uma pessoa feliz ou deprimida)? O que acontece quando ela está estressada ou em crise? Quão sensível ou defensiva ela é? É uma pessoa resiliente e dura ou quebra com facilidade quando é desafiada? Tem confiança em si mesma? É paciente com os outros? É envergonhada ou confiante em relação a quem é? É ansiosa e tensa por natureza, se questionando ou parecendo paranoica sobre tudo?

A terceira caixa a ser levada em consideração ao tentar avaliar a personalidade é a Sociabilidade, ou como a pessoa tende a se envolver com os outros. Ao combinar a Extroversão e a Agradabilidade dos Big Five originais, essa categoria lida com a comunicação, as capacidades interpessoais e como alguém performa socialmente. Para entender uma pessoa, é essencial capturar como ela se relaciona com os outros — as palavras que usa, o impacto interpessoal que tem, quão sociável e gregária é, e como comunica os pensamentos. Ela é autêntica ou sincera? Qual sua habilidade em situações sociais? É expressiva? Tem tato? É boa ouvinte? É verborrágica ou concisa? Ela tem presença marcante ou mais tímida e sutil? Ela fala com sofisticação ou tem uma fala direta e descomplicada? Quanto ela se sai bem quando se comunica de forma espontânea? Ela gera confiança nos outros? Ela se encaixa e se adapta com facilidade a grupos ou é independente e entra muito em conflito com os outros? Essa pessoa forma relacionamentos com facilidade e os administra bem?

A Motivação, ou por que as pessoas fazem o que fazem, é a quarta caixa. Para realmente entender uma pessoa, precisamos compreender o que motiva seu comportamento. É possível que você seja motivado basicamente por fama e dinheiro, enquanto eu posso ser motivado pela oportunidade de exercer influência ou servir a comunidade. Quanto mais eu entender o que te move, mais capaz serei de ajustar minha abordagem ao lidar com você. Você é ambicioso? É altruísta ou motivado por ajudar os outros? Quais são suas opiniões sobre dinheiro e como isso o afeta? Você é motivado pela expressão criativa e vai se sentir sufocado em um ambiente enfadonho? Quanta iniciativa você geralmente demonstra? Você desiste com facilidade ou persevera? Que valores motivam seu comportamento? Como você caracterizaria seu código moral e seus esforços para viver de acordo com ele? Por fim, não vamos nos esquecer das tendências políticas, pois elas nos dizem alguma coisa sobre sua personalidade. Você é conservador, progressista ou alguma coisa no meio disso?

Finalmente, preste atenção à quinta caixa, Diligência, ou como as pessoas realizam as tarefas. Parecida com a Conscienciosidade dos Big Five, essa categoria engloba os hábitos e capacidades de uma pessoa para desempenhar atividades no trabalho e na vida. Alguns de nós têm uma abordagem da vida muito estruturada e disciplinada, enquanto outros são muito mais tranquilos e espontâneos. Entender as inclinações e a disposição de uma pessoa vai nos dar um indício do que esperar dela. Quão responsável ela é? É boa em administrar o próprio trabalho? Consegue gerir o tempo de maneira apropriada? É bem organizada? É disciplinada? Ela cria sistemas para fazer as coisas?

Apresentei essas dimensões como independentes, mas, na verdade, elas informam e se relacionam umas com as outras de formas interessantes e importantes, que se juntam para nos ajudar a entender a pessoa por inteiro. Como exemplo, pense em Elon Musk, supostamente o CEO mais famoso de nosso tempo (embora, em meu ponto de vista, ele esteja longe de ser o mais eficaz). Com base no que ouvi das pessoas que o viram em ação e no que li na recente biografia escrita por Walter Isaacson,[20] está claro que Musk parece desconfortável ao se relacionar com outras pessoas. Mas esse desconforto social não existe de forma isolada — está intimamente ligado com seu jeito de pensar e com outros aspectos de sua personalidade.

Musk é obviamente um visionário e pensador complexo, extremamente convincente e incrivelmente ambicioso. Ele também está no espectro do autismo.[21] Pessoas com autismo são frequentemente (mas nem sempre) desajeitadas socialmente e não têm um entendimento básico das convenções sociais e das pessoas em geral. Elas tendem a desenvolver linguagem e habilidades com atraso, o que afeta a capacidade delas de se encaixar em ambientes sociais. São geralmente impulsivas e tendem a vacilar entre a desatenção e o foco intenso — em um piscar de olhos, podem mudar de grandes ideias para detalhes minuciosos. Elas também costumam apresentar humor instável e ser emocionalmente reativas. Por outro lado, o autismo também pode ter dado origem a alguns dos extraordinários pontos fortes de Musk, como a criatividade, a atenção aos detalhes e a tenacidade.

Meu objetivo aqui não é fazer um diagnóstico de Musk, mas mostrar que traços de personalidade estão conectados e podem explicar o comportamento que vemos nos outros. Nós podemos usar o Mapa da Personalidade para entender traços específicos, mas esses aspectos também são interdependentes e pintam um quadro vívido da pessoa inteira. O estilo de pensar afeta Sociabilidade, que afeta Diligência, Emocionalidade e Motivação, assim como Emocionalidade afeta Intelecto, e assim por diante.

A SEXTA CAIXA

Ao empregar o Mapa da Personalidade para julgar pessoas, é preciso reconhecer que pontuar alto ou baixo em traços específicos não é inerentemente bom ou ruim. Isso depende de diversos fatores. O primeiro deles é o contexto no qual está operando e o comportamento exigido de você. O antigo envolvimento de Musk com o PayPal e a liderança da Tesla foram feitos históricos em inovação e empreendedorismo. É interessante, porém, que essas duas empresas tenham sido erguidas em torno de engenharia (software no caso do PayPal, e software e automotiva no caso da Tesla). A aquisição mais recente de Musk, o Twitter (agora chamado de X), é uma empresa de rede social cujo sucesso depende tanto da compreensão das pessoas e das dinâmicas sociais quanto de programação. Musk fez um trabalho absolutamente terrível durante o início de sua gestão como CEO do X, segundo muitos relatos, demitindo funcionários e eliminando funções sem nenhum planejamento aparente. Seus tuítes pessoais afastaram tanto usuários quanto anunciantes, e ele sugeriu que estava mais preocupado com seu poder de alcance do que com o impacto que pudessem ter nos negócios do X. Os investidores perceberam isso: quando este livro foi escrito, o valor do X tinha despencado desde a aquisição da empresa por Musk, com usuários e anunciantes saindo em debandada.[22] Como sua terrível liderança de equipe sugere, as pessoas são infinitamente mais complexas do que softwares ou mecânica de automóveis, e os déficits sociais de Musk atrapalharam sua habilidade de liderar. Felizmente para o X, Musk anunciou em maio de 2023 que Linda Yaccarino assumiria o papel de CEO. Uma análise psicológica das declarações públicas dela sugere que é uma pessoa bem direta e assertiva, mas significativamente mais colaborativa e empática que seu antecessor.[23] Pelo bem do X (uma plataforma de que eu sempre gostei), espero que Musk fique fora do caminho de Yaccarino.

É fundamental levar em conta o contexto se quisermos entender as pessoas e chegar a julgamentos detalhados sobre elas. Considere o Intelecto. Você pode achar que em geral é vantajoso ser capaz de entender a complexidade e as nuances, mas isso não é necessariamente verdade. Com frequência, para ter sucesso no cargo, líderes seniores devem ser fortes pensadores estratégicos. Isso, por sua vez, exige que eles tenham várias capacidades intelectuais, incluindo criatividade, imaginação, habilidade de operar em situações ambíguas e, sim, habilidade de entender situações de negócio em toda a sua complexidade. Mas, como muitos CEOs fracassados podem contar, é possível focar *demais* em entender a complexidade. Em muitas situações de negócios, o que mais importa para líderes em posições superiores não é a habilidade de gerar grandes ideias, mas tomar medidas e executar estratégias. Se os líderes se deixarem levar pela complexidade e se sentirem obrigados a pensar em todas as nuances de determinado problema, eles podem ficar paralisados. Em vez disso, precisam traduzir estratégias em táticas específicas, valorizando detalhes relevantes e esquecendo o restante.

Como descobri, pessoas altamente intelectuais e complexas frequentemente se saem bem quando trabalham como consultoras corporativas. Essa função recompensa sua habilidade de se concentrar na análise e compreensão de um problema e suas possíveis soluções. Mas esses indivíduos têm dificuldades quando procuram transicionar para funções operacionais dentro de grandes organizações, o que muitos deles fazem. Por melhores que sejam esses consultores e por mais conhecimento da indústria que tenham, suas personalidades costumam levá-los a priorizar a visão e a estratégia, quando o que a empresa realmente precisa é da habilidade de executar a tarefa de forma tática, comunicar isso à organização e motivar funcionários. No papel, esses consultores parecem extremamente qualificados, mas, na prática, revelam-se demasiadamente intelectuais ou acadêmicos — focados demais na teoria em vez de nas exigências da vida real.

Enquanto isso, uma pessoa que tende a pensar de forma mais superficial e tem dificuldade — ou não é paciente o bastante — para compreender a complexidade, pode, com frequência, ter pensamento prático e boa intuição sobre como lidar com situações específicas. Em vez de pensar de forma teórica, ela tem "jogo de cintura", isto é, aprendeu a trabalhar a partir das experiências vivenciadas. Você pode não querer uma pessoa como essa para atuar como CEO de uma empresa global ou como general de um exército, onde estratégia e visão realmente importam, mas desejaria escolhê-la em vez de seus pares mais intelectuais para gerir uma divisão operacional ou liderar um regimento em uma batalha. Da mesma forma, se você está sendo julgado por algum crime, vai preferir contratar um advogado que conheça intimamente o modo como jurados e juízes pensam em vez de um advogado com habilidade para redigir pareceres técnicos inovadores e com tom intricado que ninguém compreende nem se importa em entender.

Como vimos antes, as formas específicas com as quais indivíduos expressam seus traços de personalidade também ajudam a determinar se esses traços são úteis ou disruptivos. Imagine, por exemplo, que você recebeu a tarefa de escolher um novo membro para sua equipe de vendas. Evidências sugerem que certo conjunto de traços pode indicar propensão ao sucesso na área. É provável que um bom profissional de vendas se sinta confortável em equipe, tenha pelo menos alguma credibilidade pessoal, seja extremamente empático, motivado financeiramente e otimista. Ao traduzir esses traços para nosso Mapa da Personalidade, você deve dar atenção especial à Sociabilidade dos candidatos. Otimismo vai para a caixa da Emocionalidade, junto com empatia e sensibilidade social. Por fim, algo importante em alguém eficaz em vendas é a motivação pela recompensa financeira (a caixa da Motivação). Eu às vezes chamo isso de "funcionar com moedas" — ponha a quantia certa de dinheiro, e você vai obter os resultados desejados. Em muitas funções, motivações primeiramente comerciais não preveem sucesso, mas, no departamento de vendas, que exige a caça de clientes, são fundamentais. Entender esse traço, e saber reconhecê-lo e capturá-lo na caixa da Motivação, vai levar você a fazer julgamentos melhores sobre pessoas.

Com qualquer indivíduo, traços específicos podem se traduzir em comportamentos tanto positivos quanto negativos. Pessoas com tendência a sentir e expressar fortes emoções podem ser difíceis como colegas. Talvez elas tenham muita angústia interna e exijam validação constante. É possível que sejam extremamente dramáticas e fiquem constantemente aborrecidas com algum conflito menor. Elas podem entrar em pânico diante da mais leve adversidade. Podem agir com agressividade com os outros ou ficar distraídas quando estão irritadas ou de mau humor. Ou ficar na defensiva quando um chefe ou colega dá um feedback mesmo que levemente negativo. Por outro lado, essas mesmas pessoas também podem usar as emoções como superpoder para alcançar resultados. Enfermeiros fazem isso quando atuam com compaixão. Professores da educação infantil também, quando demonstram paciência com uma criança de 5 anos com temperamento explosivo. A mesma emocionalidade que às vezes os prejudica também se revela um recurso valioso.

Muitas coisas dependem não apenas dos traços específicos que as pessoas expressam, mas da capacidade de *dominar* quando e como expressá-los em situações do dia a dia. Ao usar o Mapa da Personalidade, preste atenção se uma pessoa tem o autoconhecimento, a maturidade e a disciplina necessários para antecipar e compensar as partes menos úteis de suas tendências arraigadas, ou se ela pode ajustar a forma de exprimir esses traços para se adequar às exigências de uma determinada situação. Essa autopercepção e essa habilidade de dominar os próprios traços arraigados são tão importantes que os considero uma sexta caixa: Domínio.

Em um momento de estresse, se uma pessoa é extremamente sensível e emocionalmente expressiva, ela se deixa levar pelas emoções ou aprendeu a se conter nesses momentos? Se alguém é um pensador extremamente abstrato e conceitual, ele sabe compensar isso se cercando de colegas mais táticos e experientes? Se um indivíduo é propenso à bondade e generosidade, ele tem consciência disso e pode ativar essa característica a seu favor, ou desativá-la, dependendo de com quem está e dos objetivos que almeja?

Nossos traços estáveis de personalidade e a forma como os expressamos moldam nosso destino, mas isso não significa que determinam tudo. Ainda temos um grau importante de atuação. Podemos conter nossas tendências evidentes, se desejarmos, nos disciplinando a assumir diferentes comportamentos e desenvolvendo alternativas. Não estou sugerindo que devemos trair quem somos e tentar ser outra pessoa; "fingir" uma persona em situações específicas para ter sucesso pode nos deixar frustrados e exauridos, mesmo que funcione no curto prazo. Em vez disso, devemos abraçar quem somos e tentar ser nossa *melhor* versão, moderando o comportamento de forma gradual para levar em conta nossas limitações. Os profissionais de melhor performance em qualquer campo fazem exatamente isso, assumindo responsabilidade pelas partes de si mesmos não tão atraentes e se esforçando para melhorá-las. E os melhores juízes de personalidade levam em consideração não apenas os traços essenciais que observam nas pessoas e como são expressos, mas até que ponto elas podem moderar e canalizar suas tendências arraigadas de formas desejáveis.

SEU NOVO SUPERPODER

Use o Mapa para avaliar a personalidade das pessoas ao seu redor de forma rápida e eficiente, dando a si mesmo uma vantagem em sua tomada de decisões e em seus relacionamentos. Com dados organizados em cinco caixas essenciais (e complementados pela sexta caixa), você vai ter "dicas" poderosas que pode empregar para avaliar pessoas sobre as quais precisa tomar uma decisão. Classificar as informações em cinco caixas é na verdade uma prática fácil e que vale a pena. Pense por um momento em seu cônjuge ou num amigo próximo. Tente preencher as caixas mentalmente com tudo o que você sabe sobre essa pessoa. Se esforce sempre para preencher mais cada caixa. Depois de fazer isso por apenas cinco minutos, aposto que você vai ter chegado a uma maneira precisa e sucinta de descrevê-la.

Da mesma forma, se você tirar um minuto para pensar sobre os próprios hábitos, vai conseguir entender todos os seus padrões em relação aos outros e preencher cada caixa com insights de personalidade sobre si mesmo. Esse é o poder do Mapa da Personalidade. É basicamente uma nova maneira de estruturar o que vê enquanto anda pelo mundo e interage com os outros. É um jeito instantâneo de se orientar em contextos sociais, da mesma forma que prestar atenção a características básicas como topografia, clima e cultura poderia ajudar se você fosse largado em um lugar novo. Essa orientação vai se revelar muito valiosa para que você tome decisões rápidas, porém importantes, sobre pessoas, administre relacionamentos, desenvolva uma trajetória de carreira, lide com conflitos, e muito mais.

Quer percebamos isso ou não, já aplicamos estruturas mentais para nos ajudar a julgar pessoas. Essas estruturas, que podem surgir de suposições inconscientes sobre diferença racial, classe social ou etnicidade, são repletas de preconceitos e outros problemas. Elas não preveem muito bem o comportamento, nem nos permitem fazer julgamentos inteligentes sobre as pessoas. Em contraste, o Mapa da Personalidade realmente funciona. Se você passar um pouco de tempo aplicando-o a situações da vida, poderá dizer que sabe identificar comportamentos que se encaixam em uma das cinco caixas. Você também aprenderá a fazer perguntas que podem revelar aspectos dessas categorias e determinar com rapidez e precisão como caracterizar seus insights sobre os outros, e assim ter uma ideia de como cada uma das cinco caixas se manifesta no comportamento deles. Você pode obter uma visão aguçada sobre as pessoas, perceber padrões que a maioria não vê e tomar decisões melhores com base nesses insights.

Com o tempo, usar o Mapa da Personalidade também vai ampliar seu vocabulário para descrever diferenças individuais. Todos temos um conjunto léxico básico à nossa disposição, que podemos usar para descrever os outros — palavras como *bom, atencioso, ambicioso, competitivo* e assim por diante. Mas você pode não ter um vocabulário amplo o bastante para captar nuances e tonalidades diferentes. Por exemplo, ao procurar transmitir que uma pessoa não é apenas sociável, mas também divertida e agradável, você pode descrevê-la como "extrovertida", mas outras palavras podem oferecer mais precisão — termos como *afável, amigável, graciosa, bem-humorada, jovial, animada* ou *agradável*. Cada um desses termos capta um pouco de nuance a mais, o que ajuda a identificar de forma mais precisa a personalidade única de uma pessoa. À medida que se acostuma a observar pessoas e a usar o Mapa da Personalidade para estruturar o que vê, você pode escolher novas palavras para descrever traços específicos, experimentá-las e acrescentá-las a seu repertório. Sua perceptividade, por sua vez, aumentará.

Depois de entender a estrutura do Mapa da Personalidade, o próximo passo é explorar como exatamente mobilizá-lo em situações específicas para obter uma vantagem. Os próximos capítulos vão ajudar a usá-lo para selecionar as pessoas e oportunidades certas, para estabelecer relacionamentos para o sucesso, para otimizar sua própria performance e influenciar os outros.

Antes de abordar esses temas, é preciso primeiramente aprofundar-se na tarefa mais básica de usar o Mapa da Personalidade em conversas. Testes formais de personalidade administrados por profissionais lançam luz sobre quem as pessoas são, mas, como vimos, uma boa conversa ajuda ainda mais — se você souber como navegar por ela. Infelizmente, a maioria das pessoas não sabe. Elas entram em conversas com a esperança de conhecer outras pessoas, mas acabam desperdiçando a oportunidade e saindo com muito pouco em termos de insights úteis. Ao mobilizar o Mapa da Personalidade de formas específicas, você pode se tornar muito mais hábil na arte da conversa, descobrindo uma riqueza de informações sobre os outros que mal sabia que existiam. Com esse novo insight à sua disposição, você vai estar no caminho para fazer um bom julgamento.

PRINCIPAIS INSIGHTS

- O Problema de Excesso de Dados dificulta a avaliação da personalidade de outra pessoa durante os encontros com ela.
- De acordo com décadas de pesquisa científica, é possível avaliar a personalidade em termos de cinco grupos principais de traços — os chamados Big Five.
- Além de usar testes formais para coletar os traços dos Big Five, podemos usar essa estrutura de outra forma: como um modelo poderoso para entender e interpretar o comportamento dos outros.
- Como adaptação dos Big Five, o Mapa da Personalidade classifica os traços em cinco categorias, ou caixas: Intelecto, Emocionalidade, Sociabilidade, Motivação e Diligência.
- Ao interpretar a personalidade, é fundamental levar em conta o que podemos ver como uma sexta caixa: Domínio, ou até onde uma pessoa tem consciência dos outros cinco grupos de traços e pode moldar seu comportamento para moderar dimensões prejudiciais de sua personalidade.

- Ao mobilizar o Mapa da Personalidade, podemos desenvolver a perceptividade como um superpoder, e assim fazer melhores julgamentos sobre as pessoas. Não só podemos ficar melhores em identificar traços específicos nos outros, mas também ganhamos um novo vocabulário, que nos permite registrar melhor as nuances da personalidade.

Capítulo 3

OS SEGREDOS PARA CONVERSAS REVELADORAS

Em 2017, fui a uma reunião com a equipe de executivos da empresa de material esportivo Under Armour. Cerca de uma dúzia de líderes muito experientes se sentaram ao redor de uma mesa enorme em uma sala bem tradicional de reuniões, com painéis de madeira nas paredes, para discutir a estratégia de produto. A empresa tinha se saído incrivelmente bem nos anos anteriores, alcançando com consistência um crescimento de receita de dois dígitos, mas as vendas haviam desacelerado no último ano. Naquele dia, enquanto os executivos faziam suas apresentações e vendiam suas ideias, a energia na sala pareceu diminuir. As apresentações logo se tornaram arrastadas, e os *pitches*, em muitos casos, eram totalmente entediantes.

Achei que o tom podia mudar quando a conversa se voltou para um dos pontos fortes da empresa, sua linha de tênis de corrida SpeedForm Apollo. Lançados em 2014, esses tênis eram ao mesmo tempo interessantes e inovadores. A Under Armour tinha trabalhado com uma produtora de roupa íntima feminina para projetá-los, e equipou alguns deles com tecnologia para que os corredores compilassem dados sobre sua performance.[1] Mas nem mesmo esse novo tópico conseguiu melhorar o clima monótono e fatigante.

O fundador e CEO bilionário da empresa, Kevin Plank, não toleraria uma reunião chata. Ao sentir a falta de energia, ele ficou cada vez mais animado e, em determinado momento, começou a falar sobre o que tornava os produtos da empresa especiais. A Under Armour, disse ele, não podia apenas vender mais uma calça de treino ou tênis como todo mundo. Cada produto vendido tinha de expressar um propósito e despertar uma emoção — *paixão*. Sua voz se elevou enquanto ele dizia isso, e seus olhos brilhavam com empolgação.

Então Kevin fez algo totalmente inesperado. Ele subiu na mesa da sala de reuniões para exibir os calçados e as roupas da Under Armour que estava usando. Andando de um lado para o outro com as mãos no quadril como se fosse um modelo de alta costura em uma passarela de Paris, ele disse: "Estão vendo? Estes não são quaisquer tênis. Eles têm propósito. Nossas roupas *significam* alguma coisa. Nós tornamos os atletas melhores".

O gesto foi ao mesmo tempo chocante e divertido — mais tarde eu me arrependi de não ter filmado. Eu nunca tinha visto um CEO (na verdade, nenhuma pessoa) subir na mesa em uma sala de reuniões, tampouco fingir desfilar como um modelo. Desconfio que ninguém na sala tenha tido uma experiência como essa antes. O clima da reunião mudou instantaneamente. Todo mundo riu e brincou, e a conversa que veio depois se tornou muito mais solta e criativa.

Eu já tinha avaliado Kevin (de um jeito um tanto incomum em sua casa, bebendo um bourbon e fumando um charuto) e entendia como as pessoas eram atraídas por ele. Mas quando o vi pular em cima daquela mesa, entendi toda a extensão de sua presença na liderança e como isso o ajudava em seus negócios. Ali estava um cara que conseguia atrair pessoas em sua direção, influenciando-as com seu carisma. Sua personalidade é hipnotizante, alegre, quase magnética. Ele é confiante, um não conformista, e está disposto a correr riscos, uma pessoa que não hesita em expressar suas emoções mesmo que isso signifique violar convenções. Ele também é o que podemos chamar de estrategicamente empático, capaz de sentir as emoções dos outros e responder de modo a alcançar um resultado desejado.

A maioria das pessoas que aparecem em nossa vida não mostra sua personalidade com tanta vivacidade e transparência quanto Kevin fez naquele dia. Algumas até procuram esconder a personalidade por medo, timidez ou desejo de agradar. Quando conversam, elas podem se ater a superficialidades, projetar traços que acreditam que o outro queira ver ou fazer perguntas para que o *outro* seja quem mais fala. Diante dessas evasivas, como podemos gerenciar conversas para revelar o máximo sobre as pessoas com quem falamos, seja alguém que conhecemos bem (um chefe ou amigo de infância) ou um estranho que acabamos de conhecer (um primeiro encontro ou alguém tentando lhe vender um carro)?

A qualidade de nossas conversas sofreu em décadas recentes, principalmente por causa da imersão quase constante em tecnologias de comunicação.[2] Muitas vezes parece difícil manter o foco no que alguém está dizendo por mais de alguns segundos antes de se distrair, e é ainda mais desafiador permanecer presente por tempo suficiente para captar insights mais profundos sobre sua personalidade. Ao enterrarmos a cabeça no celular, podemos nos tornar completamente alheios ao que está acontecendo ao redor. Recentemente, autoridades de Seul, na Coreia do Sul, instalaram luzes no meio-fio das esquinas porque pedestres imersos no celular estavam sendo atropelados. Colocar a iluminação permitiu que eles notassem a rua enquanto estavam distraídos com seus dispositivos.[3]

96 | A CIÊNCIA DAS BOAS DECISÕES

Tudo isso levanta uma pergunta: como podemos compensar toda a informação social complexa e vital que estamos perdendo enquanto olhamos fixamente para as telas? Não podemos. Na verdade, muitos nem tentam mais se engajar com os outros cara a cara. Preferimos ter conversas importantes — romper relacionamentos, pedir aumento, contar a pessoas que nós as amamos — por mensagem de texto ou e-mail.

Quando se trata de julgar personalidade, não é suficiente apenas prestar mais atenção no interlocutor. Devemos focar na tarefa específica de reunir dados sobre ele, fazendo perguntas que induzam a pessoa a se revelar para nós e reagindo ao que ela diz de maneira que a estimule a revelar ainda mais. Para fazer isso bem, você precisa ter uma estratégia embasada na psicologia, usando o Mapa da Personalidade descrito no Capítulo 2. Depois de entrevistar centenas de pessoas de diversos contextos e profissões, desenvolvi um conjunto de cinco poderosas estratégias de conversação que incorporam o Mapa e nos permitem obter uma riqueza de dados sobre a personalidade e transformar essas informações em insights úteis — sem fazer com que a interação pareça clínica ou extremamente avaliativa. Ao utilizar essas estratégias, mesmo durante os mais breves encontros, podemos construir relacionamentos e sair com a compreensão do que precisamos para tomar decisões muito melhores sobre as pessoas.

ESTRATÉGIA Nº 1: CRIE CONEXÃO E FAÇA COM QUE OS OUTROS FALEM

Para desvendar a verdadeira personalidade, é preciso que as pessoas confiem em você o suficiente para falarem abertamente sobre sua vida. Para construir essa confiança, conduza uma conversa que desde o princípio pareça natural e normal, e não rígida e forçada. Não importa que tipo de relacionamento você tenha com a pessoa, deixe-a imediatamente confortável para compartilhar informações, com cuidado para que ela não se sinta em um microscópio.

Quando encontro alguém pela primeira vez, mesmo que para uma entrevista ou algo cotidiano, primeiramente tento encontrar um ponto de conexão. Posso mencionar o nome de uma pessoa que nós dois conhecemos, ou identificar parte de minha formação que seja semelhante à dele. Se por acaso a pessoa mencionar que é fã de hóquei (eu moro em Toronto, afinal de contas!), vou dizer que meus filhos jogam hóquei, e provavelmente vamos conversar sobre os Maple Leafs. Se mencionar que acabou de fazer uma viagem terrivelmente longa de avião, vou me solidarizar descrevendo uma situação caótica que tive em viagem. Para acentuar minha mensagem de amizade e interesse, uso minha linguagem corporal, sorrindo, oferecendo a mão estendida, virando o corpo para ficar de frente para a pessoa, encaro seus olhos para abraçar sua presença. Cada um desses comportamentos ajuda nosso interlocutor a se sentir bem recebido e relaxado, tornando mais fácil que abra seu coração para mim.

Criar conexão e procurar pontos em comum pode parecer óbvio, mas muitas pessoas subestimam isso ou não sabem como fazê-lo. Em psicologia clínica, essa conexão é chamada de "aliança terapêutica". Psicoterapeutas há muito tempo sabem da importância de criar esse relacionamento cooperativo com pacientes. No ambiente corporativo, as pessoas frequentemente ignoram essa conexão quando conduzem entrevistas. Isso inclui pessoas da minha própria área, os profissionais que fazem entrevistas de seleção.

Cerca de quinze anos atrás, fui convidado a fazer uma entrevista para um emprego em uma empresa concorrente. Peguei um avião para

Nova York e me encontrei com um dos principais sócios da firma em um hotel de Manhattan. Ao entrar na sala de reunião sem janelas, me preparei para uma reunião de três horas que presumi que seria semelhante às que faço com meus próprios clientes em potencial. Assim que me sentei, quase imediatamente o sócio começou a me perguntar sobre minha história de vida. Nada de preparativos nem construção de química, apenas um interrogatório direto, como se ele fosse um detetive e houvesse uma luz brilhando forte na direção de meu rosto. O entrevistador era rude e arrogante, mantinha a tela do notebook aberta para nos separar física e psicologicamente. A entrevista seguia à risca um roteiro, e a conversa — se houve alguma — tinha apenas um lado. Toda a experiência pareceu fria e desconcertante, como se a empresa quisesse apenas extrair dados de mim e não se importasse em saber quem eu realmente era ou se era um bom candidato. Ironicamente, eles obtiveram menos dados de mim naquelas três horas do que poderiam ter conseguido. Enquanto o entrevistador aprendeu muito sobre os acontecimentos de minha vida, ele não entendeu a mim nem a minha personalidade de jeito nenhum. Ao contrário, ele provavelmente teve uma percepção errada sobre mim. Não apenas decidi não trabalhar para aquela empresa; deixei a entrevista convencido de que havia um jeito melhor de aprender sobre os outros que ajudaria na tomada de decisões.

Compartilhar um pouco sobre quem somos durante uma conversa possibilita descobrir pontos em comum com as pessoas e as encoraja a falar sobre elas, estabelecendo um precedente para que se abram. Durante os primeiros minutos da interação, costumamos estabelecer regras básicas por meio de pistas discretas sobre como estamos nos sentindo no momento e que tipo de conversa estamos dispostos a ter. Se damos poucos detalhes pessoais, estamos sugerindo que não queremos compartilhar informações, ou que isso está acima dos limites ou que não tem importância. Ao contrário, quando oferecemos um pouco de informações pessoais logo no início, estamos indicando ao interlocutor que é seguro fazer isso também, caso queira. Nossa abertura incentiva os outros a se abrirem.

Não queremos passar dos limites com revelações pessoais, é claro. Se o propósito é conseguir insights sobre a personalidade, o principal objetivo durante uma conversa deve ser fazer a outra pessoa falar — e mantê-la falando. Enquanto revelamos pequenas doses de informação sobre nós mesmos, devemos voltar rápida e habilmente a fazer perguntas e demonstrar curiosidade. Mas, é claro, essa curiosidade não deve ser agressiva, como se fôssemos jornalistas investigativos ou detetives seguindo uma pista. Devemos transmitir à pessoa interrogada que não há nenhuma estrutura de poder em ação ali — que somos apenas cidadãos comuns, com uma vida normal, tentando nos conhecer melhor.

Uma técnica que meus colegas e eu usamos quando começamos uma conversa é concentrar-se primeiro no contexto presente. Não fazer perguntas sobre o futuro ou o passado; em vez disso, induzir as pessoas a falarem sobre suas atividades atuais. Em um contexto de trabalho, isso pode significar perguntas sobre a função — o que gostam ou não de fazer, experiências que tiveram, como é a liderança atual, quão significativo é o trabalho para elas, e assim por diante. Fora de uma entrevista de emprego, as perguntas a serem feitas vão depender do ambiente. Digamos que você precise negociar, por exemplo, com alguém do atendimento ao consumidor de um banco ou empresa de varejo. Em vez de ir direto ao assunto, gaste alguns momentos fazendo perguntas para conhecer a pessoa. Converse sobre quanto as coisas parecem movimentadas e pergunte como ela está lidando com isso. Pergunte: "Como vão os negócios?" ou "Você trabalha aqui há muito tempo?". O objetivo é fazer com que falem e construir essa aliança. E então você pode fazer as perguntas difíceis.

Essas perguntas devem transmitir interesse genuíno de sua parte. Isso pode parecer óbvio, mas é essencial fazer as pessoas sentirem que estamos do lado delas, que fazemos parte de sua equipe, e não que somos um adversário pronto para julgá-las. Para entendê-las melhor, devemos nos tornar estudantes do comportamento. Isso significa não apenas observar o comportamento, mas se perguntar *por que* ele ocorre. Significa considerar cada interação como uma oportunidade valiosa para entender um pouquinho melhor não só o que motiva aquela pessoa, mas também o que motiva as pessoas em geral.

Se você não tem essa curiosidade, meu conselho é simples: faça mais perguntas. Para *todo mundo*. Ao longo do dia, crie o hábito de perguntar. Quando você entrevistar empreiteiros para construir um anexo em sua casa, não se limite a fazer perguntas sobre a experiência deles ou o preço. Leve para o lado pessoal. Peça a eles que contem alguma coisa sobre si mesmos. Como eles se tornaram empreiteiros? Quando descobriram que gostavam de fazer esse tipo de trabalho? Eles cresceram construindo coisas? Enquanto escuta as respostas, pense em fazer perguntas mais profundas para continuar. No início, pode parecer estranho demonstrar tanta curiosidade, mas com prática você logo vai descobrir que o questionamento ávido se torna um hábito precioso (e que impressiona).

ESTRATÉGIA Nº 2: FAÇA COM QUE OLHEM PARA TRÁS

Depois de fazer as pessoas falarem, conduza suas perguntas — e suas próprias revelações — a fim de obter o máximo de informações possíveis sobre a personalidade delas. A melhor maneira para isso é fazer com que as pessoas falem sobre a história pessoal delas.

Como mencionei, somos uma junção de experiências, a soma total de nossa jornada pessoal com as decisões que tomamos ao longo do caminho. As histórias pessoais fornecem uma janela para o self que vai muito além dos traços essenciais descritos no modelo clássico dos Big Five. Ao ouvir o relato de alguém sobre seu passado, você pode não apenas aprender sobre o tipo de pessoa que *ela* pensa que é, mas também entender como sua personalidade foi moldada. Se a personalidade é quem somos, ela não saiu do nada. Embora a genética possa desempenhar um papel importante na definição da personalidade, ela é construída em sua maioria por experiência. Por meio da psicologia desenvolvimentista, sabemos que a identidade geralmente é formada na adolescência e que ela se adapta com o tempo.[4] Sim, nós mudamos e crescemos, e nos tornamos diferentes do que éramos no ensino médio. Mas esse foi o ponto de partida, o alvorecer de nossa personalidade essencial. Consequentemente, se quisermos conhecer algo sobre uma pessoa, precisamos entender seus primeiros anos e a história de como foi sua vida. Dessa maneira, compreendemos as formas distintas com que as pessoas deram sentido a sua vida, integrando experiências em um todo coerente.[5]

Recentemente, um cliente descreveu a influência poderosa que seu pai teve sobre ele durante a infância. Explicou que o pai costumava ser bem impaciente, e que ele tinha herdado esse traço — tudo precisava ser feito *imediatamente*. Ele descreveu alguns casos em que tinha ficado com raiva de pessoas que, em seu ponto de vista, estavam andando devagar demais. Mas também observou que não é uma réplica paterna. Enquanto o pai costumava ser muito reservado emocionalmente, mantendo seus verdadeiros sentimentos escondidos por trás de um verniz de masculinidade, meu cliente se considerava muito mais como a mãe, que tendia a ser mais expressiva, sensível e fluente na comunicação.

Então descreveu uma ocasião no ensino médio em que chorou em público, constrangendo a si mesmo. Disse que seus amigos próximos hoje esperam abraços e gestos sentimentais dele — é uma piada recorrente. Ao mesmo tempo, ele aprendeu a conter a emotividade na vida profissional, manifestando-a apenas quando serve a seus propósitos (quando precisa motivar os membros da equipe ou convencê-los a tomar determinada atitude, por exemplo). Toda essa conversa sobre o passado forneceu evidências valiosas de quem meu cliente é hoje — tanto as impressões dele sobre a própria personalidade quanto os comportamentos dele, que realmente expressam traços específicos.

Se tivermos um tempo significativo para passar com alguém — digamos, durante um encontro, uma longa entrevista de emprego ou uma viagem de avião que atravesse o país —, podemos ter uma noção cronológica bem desenvolvida de sua vida. Mas, mesmo durante conversas mais curtas — digamos, durante um diálogo de dez ou quinze minutos em um coquetel ou em uma partida de futebol escolar —, podemos obter um esboço surpreendentemente detalhado, com informações valiosas.

Ao nos encontrarmos com uma pessoa pela primeira vez, podemos dizer: "Então, conte-me sobre sua jornada. Como chegou até aqui?". Fazer a alguém uma pergunta básica como "Então, você cresceu aqui?" e depois continuar com perguntas adicionais também pode fazer com que ela comece a pensar sobre a infância. Mais uma vez, o objetivo é manter as perguntas casuais, usando um tom de curiosidade amistosa. Também podemos explicar brevemente a motivação por trás de nossas perguntas. Em um encontro, podemos dizer algo como: "Sabe, eu gostaria muito que nos conhecêssemos melhor. Me conte sua história. Como você se tornou a pessoa que estou vendo na minha frente? Já ouvi dizer que nosso passado nos influencia de maneiras poderosas, e eu adoraria entender se isso é verdade para você".

Em muitos contextos do dia a dia, pode parecer artificial ou demasiadamente clínico se você pedir um relato detalhado da infância, da criação e da vida adulta de uma pessoa. Nesses casos, é melhor adotar uma abordagem mais flexível, fazendo uma variedade de perguntas que, em conjunto, vão produzir uma história de vida coerente e, por sua vez, liberar várias informações sobre a personalidade. Você pode perguntar como foi a infância, como eram os irmãos, como foi a experiência no ensino médio, quem são as pessoas mais importantes em sua vida. "Tinha um bom grupo de amigos?", "Como eles eram?", "Em que faculdade estudou e por quê?", "Como chegou à carreira atual?", "Você já morou em outro país?", "O que fez lá?". A lista é infinita.

À medida que faz essas perguntas, inicie o processo de categorizar mentalmente as respostas que recebe, procurando evidências de traços específicos e arquivando-os de acordo com a estrutura do Mapa da Personalidade (falaremos mais sobre isso). Quando meu cliente disse que tinha problemas com paciência, entendi isso como evidência de que ele era, na verdade, impaciente e agressivo na busca de seus objetivos, e guardei essa informação na caixa da Diligência (caixa nº 5: "Como as pessoas realizam as tarefas"). Quando me contou que tinha tendência a ser mais emotivo e sensível, que uma vez passou vergonha por ter chorado em público e que seus amigos brincavam sobre ele ser sentimental, pude colocar toda essa evidência na categoria da Emocionalidade (caixa nº 2: "Como as pessoas expressam emoções").

Se você já conhece o histórico básico de uma pessoa, pode dispensar as perguntas sobre o passado e focar nas que se concentrem em categorias específicas do Mapa da Personalidade. Ou adotar uma abordagem híbrida, investigando o passado enquanto faz perguntas oportunas que estimulem a pessoa a refletir sobre tendências e comportamentos atuais. A seguir indico algumas de minhas perguntas favoritas relacionadas às dimensões do Mapa da Personalidade.

Caixa nº 1: Intelecto — Como as pessoas pensam	1. Como foi seu desempenho no ensino médio/na faculdade? Em quais matérias você se saía melhor e pior? 2. Que tipos de livro você lê e/ou quais podcasts escuta? 3. Você tocava algum instrumento ou tinha alguma habilidade artística na juventude?
Caixa nº 2: Emocionalidade — Como as pessoas expressam emoções	1. Como você fica quando está estressado? 2. Quais são seus pontos críticos? O que te frustra e faz com que você estoure? 3. Qual foi o pior feedback ou conselho que você já recebeu? Qual foi sua reação imediata ao feedback?
Caixa nº 3: Sociabilidade — Como as pessoas se envolvem com as outras	1. Você tinha muitos ou poucos amigos na infância? Como era sua vida social na época? 2. Você alguma vez teve de falar em público quando era mais novo? Como foi? 3. O que te desanima em amizades? Isto é, que características dificultam que você faça uma amizade genuína com alguém?
Caixa nº 4: Motivação — Por que as pessoas fazem o que fazem	1. Do que você mais gosta em seu trabalho? O que o faz acordar de manhã empolgado com seu dia? O que você odeia no seu ofício? 2. Quem lhe deu conselhos e apoio ao longo de sua jornada? Em quem você buscou suporte e como ele foi dado? 3. Por que você escolheu fazer a faculdade que fez e, por consequência, sua carreira? O que nessa área se encaixa com quem você é?
Caixa nº 5: Diligência — Como as pessoas realizam as tarefas	1. Como está seu escritório/sua casa agora: bagunçado ou arrumado? O que isso diz sobre você? 2. Descreva como é um dia típico na sua rotina. Você tem apego a sua agenda? 3. Você é uma pessoa detalhista? Como lida com prazos? Você costuma se atrasar para reuniões?

Figura 2. Dimensões do Mapa da Personalidade

ESTRATÉGIA Nº 3: FAÇA PERGUNTAS PODEROSAS

Quando se trata de explorar o passado das pessoas, algumas perguntas são tão eficazes para levantar pistas sobre personalidade que quase sempre as utilizo, especialmente em encontros curtos, quando quero maximizar a quantidade de dados que coleto. Eu as chamo de perguntas poderosas, e são quatro. Se deseja melhorar seu julgamento e quer saber o que perguntar durante seu próximo encontro ou entrevista, você não vai errar com essas quatro perguntas em particular.

A primeira delas (que na verdade é uma pergunta acompanhada de um adendo) foi a que me fez chegar à história anterior, de meu cliente com o pai impaciente. Eu peço às pessoas que pensem em alguém que tenha exercido uma influência especialmente grande na vida delas enquanto cresciam — geralmente o pai ou a mãe. Então, faço o adendo: "Em termos de personalidade, em que você se parece com essa pessoa e em que é diferente?".

Essa pergunta funciona porque deixa o entrevistado um pouco fora de seu ponto de equilíbrio. A maioria das pessoas que conheço nunca a ouviu, por isso ela é um pouco surpreendente. Ao pensar em semelhanças e diferenças, a pessoa pode ficar tentada a falar de modo crítico sobre os pais ou outra figura de influência, e frequentemente não tem muita certeza se deveria fazer isso. Ao mesmo tempo, a maioria quer responder com honestidade, especialmente se você fez um bom trabalho de construir conexão e estabelecer confiança na conversa.

Pense nisso por um momento: em que você se parece com sua mãe ou seu pai e em que é diferente? Aposto que a resposta revela muito sobre sua personalidade.

Como essa pergunta é incomum e força o interrogado a se descrever *em relação* a outra pessoa, as respostas em geral são reveladoras. Ou talvez a pessoa comece a esboçar uma resposta e então recue — o que também é revelador. Talvez o melhor dessa pergunta é que, embora motive uma reflexão sobre os próprios traços, ela o faz de forma indireta, ao propor que pense sobre a personalidade de outra pessoa. Quase sempre essa pergunta vai levar as pessoas a se caracterizarem de certas maneiras em relação aos outros, e quase tudo que disserem vai revelar algo interessante sobre elas.

A segunda pergunta poderosa pede que se pense além dos pais ou de outras influências importantes e que se considere o contexto social. "Pense em seu círculo íntimo de amigos", digo. "O grupo principal, ou, se não for um grupo, três ou quatro amigos mais próximos. Como você caracterizaria as pessoas nesse grupo? Você observa temas recorrentes?" É possível fazer uma versão oposta e mais negativa dessa pergunta: "Digamos que conheça alguém. Você pode ou não conseguir trabalhar ou conviver com essa pessoa, mas algo o faz sentir que não seriam amigos. Uma espécie de 'desencanto'. O que te causa esse sentimento?".

Essas perguntas geralmente induzem as pessoas a revelarem seus valores (caixa nº 4: Motivação), sem que você tenha de perguntar diretamente sobre o que mais importa na vida delas. Também podem desencadear uma série de outras informações. Ao descrever seu círculo de amigos, uma pessoa pode relatar que é um pouco nerd e que anda com quem tem grandes interesses intelectuais. Isso pode apresentar evidências de que ela é curiosa e academicamente orientada (caixa nº 1: Intelecto). Ou ela pode dizer que tem poucas amizades próximas e que não sai muito, mas que seus amigos são extremamente leais, atenciosos e comprometidos. Você pode deduzir que essa pessoa não é especialmente sociável ou não faz novos amigos com facilidade (caixa nº 3: Sociabilidade).

Se você pedir a alguém que descreva uma pessoa com a qual provavelmente não faria amizade, ela pode dizer que não se sente confortável perto de gente muito rebelde ou extravagante, ou que mantém distância de pessoas que pareçam arrogantes, ou que não socializa com quem não está atualizado com o noticiário. Tais respostas nos contam sobre seus motivos e valores (caixa nº 4: Motivação). Talvez a pessoa comente que não gosta de andar com indivíduos preguiçosos ou que estão sempre atrasados, cancelando planos no último minuto. Isso pode nos dizer muito sobre sua abordagem para fazer as coisas (caixa nº 5: Diligência). Talvez diga que se mantém afastada de quem pareça insensível ou desleal, sem tolerância e que não se preocupa com os outros a sua volta. Isso pode sugerir informação sobre tendências emocionais (caixa nº 2: Emocionalidade).

A terceira pergunta poderosa só é apropriada quando a pessoa já estiver contando sua história. Vamos dizer que lhe fizeram um relato muito detalhado ou interessante sobre alguma experiência do passado (faculdade, período no serviço militar, o ano em que cursou o ensino médio no exterior e assim por diante). Em vez de deixar que a história termine ali e que a pessoa siga para outra coisa, tente perguntar: "Ao pensar sobre a história que acabou de me contar, como você poderia resumi-la ou caracterizá-la? Se pudesse deixar de ser o narrador e pensasse na história em si, como descreveria o personagem principal?".

A intenção é fazer a pessoa refletir sobre a experiência dela de maneira objetiva, como se estivesse fora do próprio corpo. Você pode receber uma resposta como: "Esta é a história de uma criança muito inteligente, mas nem sempre a mais esforçada, que batalhou por anos e finalmente encontrou seu caminho"; ou: "Esta é a história sobre uma garota cujos pais a maltratavam, mas que, por meio de trabalho duro e foco, conseguiu fazer algo por si mesma". Em vez de você tentar entender as experiências e os comportamentos relatados pela pessoa, ela fará isso, destacando os próprios traços de personalidade. Nesse momento, pode ser que ela valide as suspeitas que você tinha ou indique traços de personalidade ainda não percebidos. A astúcia e a sofisticação da resposta dela também vão sugerir o nível de autoconhecimento, o que pode fornecer insights sobre as características e as qualidades de seu pensamento — quão analítica é, se tem tendência a ver tons de cinza ou apenas preto e branco, se tem propensão a refletir sobre o passado ou foca mais no futuro, qual o nível de inteligência, e assim por diante.

A quarta pergunta poderosa pede que a pessoa imagine o que alguém do passado diria sobre ela. Em um contexto de trabalho, pode ser um ex-chefe ou uma atual colega de trabalho; em um encontro romântico, um ex-parceiro. "Fale sobre sua antiga chefe", você pode dizer. "Se eu falasse com ela, como te descreveria? Que conselho ela me daria?" Essas perguntas, como as anteriores, geralmente provocam um relato de traços de personalidade importantes, com os quais a pessoa vai concordar ou discordar. Com frequência, as pessoas acabam revelando outras informações.

Ao falar da chefe, um funcionário poderia dizer: "Ela provavelmente diria que sou inteligente, mas não proativo o bastante, e que não sou um comunicador forte. Tenha em mente, porém, que minha chefe é um pouco tendenciosa em seu julgamento. Ela nunca gostou de mim por algum motivo e não me conhece muito bem. Ela também é mesquinha". A pessoa a quem fiz essa pergunta não sabe se vou realmente ligar para sua antiga chefe. Sempre há essa possibilidade — e talvez seja mesmo uma probabilidade em um contexto como esse. É a "ameaça" psicológica sutil dessa possível conversa que revela tanto. A pergunta também nos ajuda a obter informações sobre como essa pessoa lida com os outros e com quem normalmente se associa. Ela nos ajuda a entender o quanto o interrogado é reflexivo e até que nível ele tem insights sobre seu relacionamento com a outra pessoa.

Nesse caso, podemos nos perguntar se esse funcionário realmente não é proativo nem um comunicador forte. Depois da resposta dele, é possível deduzir que ele tem problemas para receber feedback, ou que tem dificuldade de relacionamento com figuras de autoridade. Não podemos ter certeza com base apenas nessa resposta, mas é possível procurar outras evidências que nos indiquem as conclusões corretas. Depois dessa pergunta, eu frequentemente faço uma semelhante: "Que conselho alguém — um colega ou alguém que esse funcionário supervisione — poderia te dar?". Se houver mais respostas defensivas, isso é revelador. Se ouço um conselho que confirma o julgamento da ex-chefe do funcionário, isso também é revelador.

Todas essas perguntas poderosas são bem desafiadoras e podem deixar o entrevistado em terreno desconfortável. No mínimo, você está confrontando a outra pessoa com indagações que ela provavelmente nunca ouviu antes, das quais não pode escapar com facilidade e que exigem reflexão profunda. Não tenha medo de um pouco de desconforto. Não há problema em desafiar pessoas, desde que façamos isso com a mente aberta e de um lugar de verdadeira curiosidade.

Com cada uma dessas perguntas, não estamos buscando uma resposta específica, apenas tentando ver como a outra pessoa vai responder. É provável que uma resposta elaborada contenha muitos dados úteis, mas respostas curtas e superficiais, embora menos satisfatórias, ainda podem revelar aspectos importantes de determinada personalidade, como limitação da capacidade intelectual, desconforto com certos assuntos ou falta de autoconhecimento.

QUATRO PERGUNTAS PODEROSAS
SOBRE O PASSADO

1. Em que você é mais parecido com seu pai, sua mãe ou outra pessoa influente, e em que é mais diferente?
2. Pense em seu círculo de amizades do ensino médio em diante. Que tipo de pessoas são seus amigos? Você consegue identificar particularidades em comum entre elas?
3. Como você descreveria a história da sua vida (ou qualquer outra história que tenha sido contada no momento)?
4. Se eu ligasse para sua antiga chefe agora e pedisse que me falasse de você, o que ela diria?

Nota: Você pode modificar essas perguntas para questionar a realidade atual da pessoa em vez do passado. Por exemplo: "Como você é mais parecido e diferente de sua mãe?", ou "Pense em seus amigos de hoje. O que em geral os descreve?".

ESTRATÉGIA Nº 4: CRIE UM QUADRO MENTAL

Agora que já abordamos como obter informação sobre personalidade, vamos passar para a tarefa de interpretar os dados que recebemos. Durante nossas conversas, todos estamos simultaneamente coletando informações, interpretando o que ouvimos e avaliando os outros. Na maior parte do tempo, fazemos isso de forma instintiva, sem pensar muito nem mesmo ter consciência disso. Da mesma forma que as pilhas de papel descritas no Capítulo 1, os insights permanecem soltos, não categorizados, e é difícil fazer qualquer coisa com eles. O Mapa da Personalidade nos permite interpretar as informações de forma muito mais deliberada, nos dando uma estrutura para reconhecer e categorizar dados potencialmente relevantes.

Conforme seu interlocutor fala sobre a própria vida, e especialmente sobre o passado, observe qualquer detalhe que possa sugerir um traço de personalidade que caia em uma das cinco categorias do Mapa da Personalidade. Você pode querer tomar notas em um papel, dividindo-o em cinco caixas. Eu mesmo faço isso durante as entrevistas mais formais, que serão descritas no Capítulo 4. Durante interações casuais com pessoas, claro, tomar notas é impossível. Não há problema: adquira o hábito de separar mentalmente os detalhes nas cinco caixas. Pode parecer difícil no começo, mas depois que fizer isso algumas vezes, fica muito mais fácil. A **Figura 3** ilustra como é possível interpretar e compartimentar algumas amostras de respostas às suas perguntas.

Lembre-se de que você não pode simplesmente concluir que alguém possui certo traço de personalidade com base nas informações gerais que forneceu. Para se sentir confiante em seus julgamentos, você precisa de muitas evidências que apontem para a mesma conclusão. Ao avançar na conversa, tente formular hipóteses provisórias sobre as pessoas e então as confirme ou modifique à medida que novos dados chegam. Na **Figura 3**, a revelação de que uma pessoa — vou chamá-la de Lisa — deixou um emprego em contabilidade bem remunerado que achava chato para assumir uma posição em marketing que pagava muito pouco pode nos levar a supor que ela é mais motivada pela chance de viver uma vida criativa do que por dinheiro. Se eu soubesse, por exemplo, que Lisa tinha passado um período fazendo trabalho voluntário depois da faculdade antes de se ocupar na contabilidade, teríamos novamente a evidência de que dinheiro e a chance de construir uma carreira lucrativa não são os pontos mais importantes em sua mente. Se, além disso, soubesse que Lisa encoraja os próprios filhos a estudar arte e música na faculdade, em vez de matérias mais "práticas", e que ela também gostava de fazer cerâmica quando criança, pois tinha pais artísticos, podemos nos sentir ainda mais confortáveis em concluir que ela se preocupa mais com a liberdade e a expressão criativa do que com a conquista de certo nível financeiro.

Afirmação	Possível interpretação	Como categorizá-la?
"No ensino médio, eu gostava de história — era fascinante aprender sobre a Idade Média. Eu também adorava livros de fantasia e às vezes criava meus próprios livros."	Imaginativo, pensador criativo	Caixa nº 1: Intelecto
"Eu me sinto muito confiante em relação a mim mesmo no trabalho. Geralmente sinto que estou no controle da situação e não questiono meu julgamento com muita frequência."	Calmo, firme, pouco neurótico	Caixa nº 2: Emocionalidade
"Sempre amei trabalhar em escritórios grandes. Simplesmente amo a camaradagem e a chance de colaborar com os colegas."	Sociável, amistoso, colaborativo	Caixa nº 3: Sociabilidade
"Sempre fui o tipo de pessoa que precisa estar fazendo algo novo. Eu me entedio com facilidade. Deixei uma ótima carreira bem remunerada em contabilidade para investir em uma posição de marketing em uma startup porque simplesmente precisava de mais energia, mais novidade. Eu ganho muito pouco, mas finalmente estou feliz."	Motivada por uma chance de ser criativa, não necessariamente por dinheiro	Caixa nº 4: Motivação
"Depois da faculdade, fiz um mochilão pela Europa com um amigo. Não tínhamos plano, não tínhamos itinerário... simplesmente seguíamos. Sempre preferi ser espontânea, descobrir as coisas pelo caminho e lidar com elas com flexibilidade."	Tranquila, espontânea, não demasiadamente rígida	Caixa nº 5: Diligência

Figura 3. Amostra de frases que se pode ouvir durante uma conversa

Ao construir essas hipóteses, faça perguntas de aprofundamento para confirmar ou modificar as informações recebidas e sua interpretação delas. Sua hipótese continua sendo verdadeira levando em conta os novos dados que surgiram? Mantenha certo grau de ceticismo em relação ao que está ouvindo, reconhecendo que os outros têm a própria pauta. Quando Lisa nos conta pela primeira vez sobre sua decisão de deixar a contabilidade, podemos nos perguntar se ela realmente valoriza o dinheiro, mas tem vergonha de admitir isso em virtude da criação que teve, por exemplo. Somente quando outros detalhes emergem é que se pode concluir que a expressão criativa realmente a motiva mais que o dinheiro. Se descobríssemos que ela, na verdade, não tem formação acadêmica necessária para se sair bem em contabilidade, e se ela nos dissesse que aconselha os filhos a ficarem longe das artes, e que seus hobbies são todos relacionados a esportes e não artísticos, poderíamos nos perguntar o quanto a criatividade é realmente importante para ela.

Esse pensamento sintético — no qual juntamos dados diversos e os encaixamos como peças de um quebra-cabeça — é de grande importância ao interpretar a personalidade. Não importa o contexto e os objetivos específicos, você não está tentando apenas identificar comportamentos individuais e traços associados, está buscando entender como esses comportamentos e traços se encaixam e quais podem ser suas implicações práticas.

Nunca vou me esquecer de quando conheci um grande líder do setor esportivo, que vou chamar de Patrick, alguém que admiro e chamo de amigo até hoje. Em um almoço, ao perguntar sobre sua formação, soube que ele cresceu em uma cidade pequena dos Estados Unidos e que sua família era muito humilde. Sua inteligência o permitiu entrar em uma boa faculdade, onde se destacou academicamente. Depois da formatura, ele se alistou na Marinha. Enquanto estava lá, tornou-se tenente-comandante e serviu ao país com honra e distinção. Posteriormente, fez MBA em uma das melhores universidades dos Estados Unidos. Foi nessa época que um conhecido executivo da área esportiva fez uma palestra em seu *campus*; depois de assistir a ela, Patrick abordou o executivo e pediu conselhos. Esse esforço resultou em uma oferta de emprego com uma equipe esportiva profissional. Seus primeiros sucessos nesse cargo o levaram a uma ascensão meteórica: ele foi de gerente adjunto de um time profissional de futebol americano para um cargo de liderança no escritório da liga. Alguns anos depois disso, ele foi recrutado para ser CEO de um time importante da NFL, a principal liga de futebol americano.

A incrível história de Patrick, que ele me contou com muitos detalhes durante um almoço de networking de duas horas, revelou muito sobre sua personalidade. Ao refletir sobre sua trajetória, ficou óbvio que ele é extremamente brilhante (sua formação nas melhores universidades do país fornecia provas para corroborar isso), que é capaz de pensar grande e criativamente, e que está disposto a assumir riscos. Ele tem confiança nas próprias ideias e é extremamente inovador para levá-las adiante — todos os insights categorizados na caixa do Intelecto.

Por mais confiante que Patrick seja, percebi que ele sempre acalentou uma percepção de si mesmo como um cara de cidade pequena. Ele era extremamente resiliente frente a desafios e tinha grande empatia em relação aos outros, embora nem sempre demonstrasse isso (caixa nº 2: Emocionalidade). Notei também que Patrick era amigável e simpático, disposto a fazer qualquer coisa por seus amigos e pessoas próximas (caixa nº 3: Sociabilidade). Patrick era motivado exclusivamente por conquistas — continuava se esforçando muito simplesmente porque sentia que *tinha* de ser bem-sucedido (caixa nº 4: Motivação). O histórico militar de Patrick confirmou minha impressão de uma personalidade disciplinada e estruturada. Ele trabalhava duro e era um cara dedicado, que abaixava a cabeça e fazia o trabalho quando necessário (caixa nº 5: Diligência).

Em certo momento, pouco antes de pedirmos a sobremesa, percebi que todos esses traços que permitiram a Patrick galgar uma posição de poder também causavam problemas para ele. Em especial, sua tenacidade, que às vezes o levava a mergulhar fundo demais ao defender suas ideias em vez de ouvir as dos outros e levá-las em consideração. As perspectivas de Patrick podiam estar totalmente corretas, mas ele não tinha paciência para trabalhar com pessoas que não viam as coisas como ele. Ao fazer mais algumas perguntas, soube por ele que seus colegas o viam como combativo nas reuniões, e que alguns chegaram a lhe dizer que se sentiam intimidados diante dele. Embora sua confiança parecesse ilimitada para os outros, Patrick me disse que, na verdade, se sentia desconfortável em meio à elite da cidade grande. Ele se sentia um forasteiro, e isso afetava seu comportamento. Então concluí que Patrick precisaria trabalhar para suavizar essas expressões de sua personalidade se quisesse atingir todo o seu potencial.

ESTRATÉGIA Nº 5: AJUSTE E REFINE SUA HIPÓTESE

O que você ouve durante as conversas com os outros é apenas uma forma de dados à sua disposição. Ao interpretar a personalidade, considere outras fontes e as utilize para ajustar sua hipótese. Cinco formas de dados suplementares são especialmente importantes: a apresentação geral da pessoa com quem você está falando, inclusive a comunicação não verbal; os espaços físicos que ela ocupa; suas próprias reações viscerais durante a conversa; o conhecimento que você tem sobre seus próprios vieses; e como a pessoa percebe os próprios traços.

Quando me sento com uma pessoa pela primeira vez, presto atenção especial a sua apresentação geral. Como ela está vestida? Como se porta? Quão culta parece ser? Como é sua energia no geral? Como está se comportando? Ela aperta minha mão formalmente, me dá um tapinha nas costas ou evita qualquer contato visual? Ela parece atenta ao que estou dizendo ou rapidamente se distrai e verifica o celular? Ela me olha nos olhos ou deliberadamente desvia o olhar para outro lugar? Fala alto ou baixo? Ri alto e com frequência ou é mais contida? Chega atrasada para nossa reunião ou é pontual?

Esses e outros aspectos da apresentação geral de uma pessoa sem dúvida não vão nos dizer tudo o que queremos saber sobre sua personalidade, mas fornecem pistas que poderemos comparar com outras informações obtidas. Se ela diz ser calma e nada emocional, mas se apresenta de forma agitada e tensa, talvez não devamos considerar as impressões que ela tem sobre si mesma como um retrato preciso de sua personalidade. Se diz ser sociável, mas desvia o olhar, fala baixo e mantém o corpo afastado, pode ser mais introvertida do que diz. Uma possibilidade é que seja extrovertida no geral, mas algo na situação em que está a faz se recolher ou parecer hesitante e desconfortável. Os fatores culturais também são incrivelmente importantes. Em algumas culturas, o contato visual direto é sinal de desrespeito, e não de extroversão. Conhecer esses fatores vai lhe ajudar a interpretar e contextualizar o que está vendo.

Uma segunda fonte de dados complementares sobre a personalidade é o ambiente. Se a conversa ocorre em um espaço mantido pela pessoa, como sua casa ou seu escritório, podemos observar como decora ou cuida do ambiente em busca de mais pistas sobre quem ela é. Reuniões por videochamadas são especialmente interessantes nesse aspecto, pois podemos ter uma visão do escritório ou de espaços pessoais da pessoa.

(Às vezes, podemos obter muitas informações em reuniões on-line. Conheci certa vez uma pessoa por meio de videoconferência, e ela estava com a câmera no quarto. Não vou entrar em detalhes específicos, mas o fundo era... revelador.)

Nossas impressões sobre os ambientes físicos podem nos servir como uma indicação bastante confiável de traços de personalidade subjacentes. Uma profusão de fotografias em uma parede ou na mesa de escritório pode sugerir que a pessoa tem alto nível de Sociabilidade. A presença de um adesivo escrito "Eu votei" pode sugerir que ela tem consciência social e oferecer pistas sobre Motivação.[6]

Se julgarmos que uma pessoa é extremamente organizada e estruturada com base em seus relatos sobre si mesma, mas seu escritório é uma bagunça completa, com papéis e pastas espalhados por toda parte, vamos querer investigar mais esse aspecto. Se o escritório é decorado com inúmeras fotos de família, podemos tomar isso como indício de que prioriza a família e o lar, ou que tem tendência à sentimentalidade. Se há muitas fotos de si mesma com personalidades famosas, podemos supor que valoriza principalmente dinheiro, fama e poder, e que talvez seja um pouco arrogante em seu desejo de revelar sua influência para as pessoas.

Além da apresentação de uma pessoa e do ambiente, leve em conta suas próprias reações instintivas à pessoa e ajuste seu julgamento de acordo com elas. Quando estamos perto de outros indivíduos, temos respostas psicológicas e emocionais automáticas. É possível que você experimente ansiedade imediata — manifestada por suor frio e palpitações fortes. Talvez se sinta ameaçado e fique tenso. Pelo contrário, pode ser que fique tranquilo e relaxado — a pressão sanguínea baixa e os músculos relaxam. Ou ainda pode sentir atração pela pessoa, como se ela exercesse certo magnetismo sobre você.

A habilidade de nos observarmos e tomarmos consciência do que estamos sentindo fisicamente em qualquer momento específico é o que os fisiologistas chamam de *interocepção*, e podemos utilizá-la para refinar a percepção sobre a personalidade dos outros. Quando estou envolvido em uma conversa, às vezes pergunto a mim mesmo: "Como estou me sentindo neste momento? Como estou vivenciando essa pessoa fisicamente?". Todos temos esse "sentido de aranha" embutido, mas muitos não prestam atenção ativamente a ele. Eu me lembrei desse fenômeno recentemente quando estava assistindo ao programa de apresentações musicais *American Idol*. Quando um dos juízes, Luke Bryan, escuta alguém muito bom, ele olha para a outra jurada, Katy Perry, ergue o braço para que ela o veja e diz: "Olhe. Estou arrepiado". Ele está falando de uma reação física que tem quando ouve alguém cantando de um jeito que o afeta. Eu cresci chamando isso de outra coisa, mas a ideia é a mesma: Bryan está atento aos momentos em que seu corpo diz alguma coisa sobre a pessoa com a qual está interagindo. Isso é interocepção, e todos devíamos prestar mais atenção a esses sinais ao fazer julgamentos sobre as pessoas.

Uma quarta fonte de dados que podemos usar para ajustar julgamentos são as informações sobre nossas próprias tendências e preconceitos. Todos somos tendenciosos em relação aos outros, temos inclinação a pré-julgar, a confiar em estereótipos. Além do mais, quase todo mundo, infelizmente, é vítima de preconceitos implícitos ou inconscientes, por mais que odiemos admitir isso. Essa é a natureza do racismo sistêmico e de todo tipo de discriminação. Em seu livro *Blindspot: Hidden Biases of Good People*, os acadêmicos Mahzarin R. Banaji e Anthony G. Greenwald destacam as crenças inconscientes que temos e como elas afetam nossa avaliação dos outros.[7] Os autores descrevem sua experiência com o Teste de Associação Implícita (IAT, na sigla em inglês), que revela essas crenças. Se você nunca fez o IAT (há uma versão gratuita em inglês em https://implicit.harvard.edu/implicit/), sugiro que reserve um tempo para ver como seus próprios preconceitos afetam seu julgamento — você vai ficar surpreso. A verdade é que todos temos vieses implícitos contra pessoas que não são como nós, e podemos cometer erros terríveis de julgamento quando não são contidos.

A chave para prevenir esses erros é tomar *consciência* de nossos preconceitos e de como eles podem afetar nossa habilidade de ler pessoas. Para julgar os outros com eficácia, é preciso entrar nas conversas consciente dos preconceitos socioculturais que podemos ter, inclusive aqueles relacionados a gênero, raça, religião e classe, e como eles prejudicam nosso julgamento. Nunca é demais falar sobre esses preconceitos: eles ferem a nós (e mais amplamente à sociedade) e causam danos reais. Devemos sempre verificar nossa consciência ao fazer julgamentos sobre os outros, nos questionando sobre quais preconceitos podem estar afetando nossa avaliação.

Também abrigamos uma série de vieses cognitivos que devemos reconhecer para não alterar nosso julgamento sobre os outros. Alguns deles são bem conhecidos e documentados. O *viés de confirmação* (provavelmente, o mais importante de todos) nos leva a dar mais crédito à informação que confirma o que já pensamos sobre a personalidade. O *viés de afinidade* nos leva a considerar de forma mais positiva a personalidade que pareça semelhante à nossa. O *viés de disponibilidade* nos leva a favorecer crenças sustentadas por evidências que estão facilmente disponíveis (por exemplo, podemos nos apressar em julgar alguém inteligente porque disse algo inteligente e que nos impressionou).

Várias outras opiniões tendenciosas menos conhecidas também surgem quando examinamos traços de personalidade (a identificação desses preconceitos se tornou uma espécie de esporte entre os pesquisadores de psicologia). A *falácia do apostador* nos leva a considerar o sucesso de alguém como mais provável se essa pessoa já tiver experimentado sucesso anterior (podemos concluir rapidamente os traços de um líder se soubermos que a pessoa liderou um pelotão no exército). Talvez ainda mais peculiar tenha sido a descoberta do pesquisador israelense Shai Danziger e seus colegas, que descobriram que juízes de liberdade condicional tendem a ser mais severos antes do intervalo para o almoço do que após a refeição. Eles chamaram isso de *efeito do juiz com fome* (acho que "efeito faminto irritado" seria mais apropriado) e concluíram que a avaliação que fazemos dos outros é afetada por nossa saciedade (essa descoberta passou por muitos escrutínios ao longo das últimas décadas, mas mesmo assim é interessante).[8] Nitidamente, estados fisiológicos, como estar sob influência de drogas ou álcool, estar cansado ou estressado e estar com pressa, afetam nossas decisões, e precisamos ter consciência disso.

À medida que nossas conversas avançam e nossas hipóteses sobre os outros se tornam mais firmes, devemos questionar como os preconceitos podem estar atrapalhando nosso julgamento e ajustar o pensamento de acordo com isso. Em alguns casos, adiar ou evitar a tomada de decisão até estar mais livre de preconceitos é a atitude correta. Em outros casos, é importante obter dados adicionais sobre as pessoas para testar nossas perspectivas.

A última maneira de ajustar o julgamento é simplesmente dizer à pessoa que estamos julgando o que estamos percebendo nela e avaliar suas reações. Fazer isso pode construir uma conexão, já que mostra que estamos realmente ouvindo o que ela está dizendo. Isso também pode levar a insights importantes e impedir um julgamento equivocado. Quando estou tentando investigar a personalidade de alguém, posso dizer algo como: "Sabe, você disse que detalhes são muito importantes, e me forneceu um relato minucioso sobre seu trabalho ao longo dos anos. Você me contou quão meticulosos eram seus deveres de casa quando criança e como seu quarto era impecável durante a faculdade. E você está muito elegante hoje e chegou pontualmente. Estou com a sensação de que, por gostar de tudo certinho, talvez tenha um traço de perfeccionismo. Isso faz sentido para você?".

Se a pessoa concordar com sua avaliação, isso pode servir para validar suas impressões sobre ela, o que lhe deixará ainda mais confiante em relação a seu julgamento. Se discordar, será uma oportunidade para obter mais informações. Se ela se opuser veementemente, talvez seja realmente perfeccionista, mas tenha dificuldade em ver ou aceitar isso, o que pode ser um alerta para um baixo nível de autoconhecimento. Ao discordar, ela pode oferecer explicações diferentes sobre o comportamento que você percebeu. Talvez seja meticulosa apenas em certas situações ou contextos, como no ambiente acadêmico ou profissional, mas na vida pessoal costuma ser mais descontraída. Se essa explicação estiver de acordo com outros dados coletados, fornecerá mais nuances sobre suas tendências perfeccionistas e lhe ajudará a preencher a caixa da Diligência.

SEJA CURIOSO

Você pode mobilizar praticamente qualquer conversa para reunir informações sobre a personalidade de alguém. As cinco estratégias descritas neste capítulo — criar conexão, fazer com que as pessoas falem sobre o passado, fazer perguntas poderosas, interpretar dados e ajustar as hipóteses — não são especialmente complexas, mas requerem prática para serem bem executadas. No fundo, cada uma dessas estratégias exige uma coisa: curiosidade profunda. Você precisa estar interessado nas pessoas e no que as motiva. Assim como um jornalista que conduz entrevistas investiga o que está realmente acontecendo em uma determinada história, você precisa atravessar as personas que todos construímos em situações sociais para chegar à essência dos outros. Esforce-se para dominar o olhar crítico e sintético como o de um jornalista e a capacidade de combinar informações aparentemente disparatadas em uma história coerente. Usando o Mapa da Personalidade como guia, faça mais perguntas de aprofundamento, compare as evidências e teste suas hipóteses cultivando grande quantidade de outros dados.

Há inúmeras distrações na vida moderna, especialmente a atração viciante de nossos smartphones onipresentes. Mas se você aprender a levantar a cabeça, tanto literal quanto figurativamente, abraçar conversas informais ao longo do dia e ter curiosidade sobre as pessoas e como elas agem, poderá desfrutar de uma vantagem poderosa nos negócios e na vida.

PRINCIPAIS INSIGHTS

- Embora a personalidade seja facilmente percebida no que as pessoas dizem e fazem, muitas vezes precisamos nos esforçar um pouco para descobrir traços específicos dela.
- Conversas casuais são uma ótima oportunidade para coletar dados sobre a personalidade dos outros, se você souber como conduzi-las.
- Cinco estratégias podem ajudar a melhorar sua perceptividade durante conversas informais: criar conexão, fazer as pessoas falaram sobre o passado, fazer perguntas poderosas, interpretar dados e ajustar hipóteses.

- A implementação dessas cinco estratégias nos leva a abordar conversas de forma semelhante ao que um jornalista faz ao entrevistar fontes. É importante não apenas ouvir com atenção, mas pensar crítica e sinteticamente.
- Atualmente, a conversação é uma arte perdida, dada a profusão de tecnologias de comunicação. Temos muito a ganhar se repensarmos como interagimos socialmente, com o objetivo de desenvolver e exercitar nossa perceptividade.

Capítulo 4

A COISA CERTA

Bill e Carol Murphy, dois profissionais que vivem na Nova Inglaterra, saíram para jantar com outro jovem casal, Mark e Roseanne Gorman, e na ocasião começaram a conversar sobre possíveis novos investimentos. Os Murphy estavam pensando em comprar uma propriedade na praia para investir, e os Gorman tinham um interesse parecido. Quando o garçom abriu uma segunda garrafa de vinho, Mark teve um pensamento intrigante: e se os dois casais comprassem uma propriedade juntos e criassem um negócio alugando-a? Parecia uma oportunidade maravilhosa. Bill e Mark eram habilidosos com trabalhos manuais e estavam interessados em comprar um imóvel barato que pudessem reformar. Os dois casais tinham filhos pequenos, o que resultava em restrições semelhantes de tempo e orçamento. Ao entrarem naquilo juntos, os casais poderiam minimizar a despesa e o trabalho envolvidos.

Embora Bill não conhecesse os Gorman muito bem, ele se sentiu bem confortável em fazer negócio com eles. Carol trabalhava perto de Roseanne e podia afirmar que ela era extremamente inteligente, conscienciosa, equilibrada e amável. Mark parecia ser um cara ótimo também. No jantar, ele pareceu educado, interessante e de fácil convivência, apesar de um pouco calado. Bill estava ansioso para conhecê-lo melhor e tinha esperança de que construíssem um pequeno negócio juntos.

Em poucos meses, os casais encontraram uma propriedade na beira da praia com grande potencial e preço atraente. O lugar precisava de muita reforma, mas não era nada com o que Bill e Mark não pudessem lidar. Os casais fizeram logo um acordo, entraram com um pedido de hipoteca, fecharam o negócio e começaram a reforma. Para adiantar o trabalho, eles contrataram dois pedreiros que cobravam por dia para ajudá-los.

Não demorou muito, porém, para a tensão surgir. Bill logo descobriu que Mark tinha tendência a embarcar em projetos sem pensar direito em como iria completá-los. Ele, então, ficava submerso naquilo e acabava produzindo muito pouco — um problema clássico de "excesso de promessa e falta de entrega". A natureza reservada de Mark também parecia colocar uma questão. Se algo o aborrecesse ou alguma situação surgisse, ele não comunicava suas apreensões de início, preferindo se comportar como se tudo estivesse bem. A tensão então crescia dentro dele, levando a uma explosão de raiva dirigida tanto a Bill quanto aos trabalhadores que eles estavam empregando.

Somada à inabilidade de executar projetos, essa dinâmica levou a um drama permanente entre Bill e Mark. Devido a um planejamento ruim, o projeto estava acima do orçamento e atrasado. Embora os dois conseguissem manter uma relação funcional entre eles, a experiência toda era muito mais estressante do que Bill havia previsto, o que o deixou relutante a ter um sócio novamente.

Ao investir em um negócio, concordar em trabalhar para alguém, entrar em um relacionamento romântico ou contratar uma pessoa para um trabalho importante, é de vital importância saber o que motiva a outra pessoa. Infelizmente, muitas empresas e indivíduos dão apenas atenção superficial à personalidade ou a descrevem de formas equivocadas ou inúteis. Profissionais de recursos humanos escrevem anúncios de emprego sem uma ideia clara dos traços que permitiriam a uma pessoa ter sucesso em determinada posição e contexto de negócios. Um empreendedor que está contratando um gerente geral para uma startup de tecnologia socialmente responsável e de crescimento rápido, por exemplo, pode dizer em um anúncio de emprego on-line que está à procura de alguém focado em resultados, com possibilidade de fazer horas extras, e que seja orientado por dados. Mas será que todas as pessoas interessadas no emprego não fariam essas afirmações sobre si mesmas?

Essas qualidades importam, é claro, mas são superficiais — não chegam a formar uma descrição cuidadosa do tipo de pessoa que prosperaria no cargo, e essas com certeza não são fáceis de identificar. Se o empreendedor realmente se aprofundasse nisso, poderia perceber a necessidade de um gerente geral com iniciativa e mente aberta a novas ideias, que não se prenda a conceitos ultrapassados, que saiba se adaptar a mudanças e incertezas, que seja capaz de se comunicar em meio a diferenças, que se motive pelo propósito da comunidade e que demonstre paixão por comunicar e vender ideias — para citar apenas alguns atributos. Veja como esse retrato do gerente geral tem mais nuances em comparação com os atributos genéricos das descrições típicas de cargo.

Empresas e indivíduos que levam a personalidade em conta com mais sofisticação têm dificuldade em testá-la, frequentemente confiando em instintos ou testes populares que não são científicos nem valem nada. Você pode ter feito a Tipologia de Myers-Briggs em algum momento da carreira, inclusive ao se candidatar para um emprego. Sabe de uma coisa? Há zero ciência por trás dela.[1] Um empregador estaria na mesma situação se avaliasse o horóscopo ou os calombos na cabeça do candidato ao fazer a seleção. Da mesma forma, você pode ter entrado em sites de namoro para encontrar sua alma gêmea, preenchido um questionário para que o algoritmo pudesse dar *match* com outras pessoas cujas personalidades fossem compatíveis com a sua. Como uma pesquisa sugeriu, você teria resultados igualmente bons se tirasse um nome aleatório de dentro de um chapéu.[2]

No início de minha carreira, entrei para uma consultoria VIP de RH especializada em *outplacement* — ou seja, ajudar pessoas que tivessem sido demitidas a encontrar um novo emprego. Não era um trabalho muito glamoroso, mas frequentemente tinha grande impacto em colaboradores individuais que estavam desesperados à procura de um trabalho. Quando entrei na empresa, meus chefes me apresentaram a uma ferramenta chamada Forté, que usavam para avaliar as pessoas. Os candidatos recebiam uma lista curta de pares de palavras e deviam circular o elemento de que mais gostassem de cada par. Com base nessas escolhas, a Forté gerava informação complexa e com nuances sobre as características da personalidade deles. Mas não havia como, pensei, um teste determinar tanta coisa a partir de apenas algumas palavras circuladas. Quando eu o investiguei, descobri que o teste era mesmo inválido e não merecia confiança — tão inútil quanto o de Myers-Briggs.

Tentei delicadamente educar meus chefes, mas, embora eu queira acreditar que eles eram bem-intencionados, não quiseram ouvir. Alguém tinha lhes vendido uma solução aparentemente barata e eficiente que eles podiam comercializar para seus clientes, então queriam acreditar no valor daquela solução. Quando me pediram que usasse essa ferramenta para ajudar a selecionar candidatos para uma vaga, fiquei horrorizado. Essas decisões, usando uma ferramenta sem nenhuma base científica, teriam impacto em pessoas reais. Eu simplesmente não conseguia fazer isso, e não muito tempo depois deixei a empresa.

Essas charlatanices são endêmicas no campo de testes psicológicos. Inúmeras decisões importantes são tomadas a cada ano com base em testes que são essencialmente pseudociência, levando a sofrimento real na forma de fracasso em empregos, falência de empresas, divórcios e mais. Imagine se você perdesse uma vaga de emprego ou uma promoção porque seu resultado em um teste não científico não foi o certo. Talvez os testes tenham indicado que você tem tendência a entrar em conflitos e forte propensão a competir, quando na verdade não é nada disso. Como você ia se sentir? Testes não científicos não são apenas injustos; também mancham os bons testes científicos que existem — e por vezes causam prejuízos duradouros.

A maneira como entrevistas são comumente conduzidas também oferece pouca ajuda ao contratar pessoas. Muitos chefes (e pessoas no universo dos encontros!) passam mais tempo falando que ouvindo. Em entrevistas não estruturadas, fazem perguntas genéricas e subjetivas (por exemplo, "Quais são seus pontos fortes e fracos?", ou "Onde você se vê dentro de cinco anos?") que não revelam muita — se é que revelam alguma — informação confiável sobre personalidade. Na ausência de dados e de um meio metódico de analisá-los, muitas pessoas acabam dando ouvidos ao instinto na hora de julgar outras pessoas, chegando a decisões frequentemente incorretas porque se baseiam em fortes estereótipos, vieses e preconceitos, conforme discutido no capítulo anterior.

Nossos vieses cognitivos durante entrevistas também nos prejudicam com frequência na hora de contratar alguém. Podemos olhar de forma mais favorável para candidatos que entrevistamos mais recentemente (viés de memória) ou que achamos mais fisicamente atraentes (viés de atração). Podemos presumir que um candidato com realizações impressionantes em seu currículo — um diploma de Harvard ou uma bolsa de estudos respeitável — seja excepcionalmente talentoso simplesmente porque sobreviveu ao processo de seleção (viés de sobrevivência). Talvez julguemos de forma mais favorável candidatos que se pareçam conosco ou tenham elementos em sua formação parecidos com nossa trajetória (viés de semelhança). A maioria das pessoas é vítima involuntária do efeito halo ao julgar os outros: vemos uma característica positiva em alguém e imediatamente supomos que ele também tenha outras características positivas. Presumimos que um candidato fisicamente atraente também seja um bom comunicador, um vendedor persuasivo e afável com os outros. Uma pessoa inteligente deve ser equilibrada, prudente e emocionalmente madura. Bobagem: não devemos supor de jeito nenhum que esses atributos estejam conectados.

Existe base científica para selecionar pessoas com eficácia usando o Mapa da Personalidade descrito no Capítulo 2. É como eu ajudo meus clientes a analisar os candidatos à liderança e a escolher qual deles contratar. O Mapa permite que você escolha as pessoas certas com disposição e capacidade de fazer aquilo que o cargo exige. Gostaria de falar um pouco sobre o conceito de "adequação". Ao longo dos últimos anos, houve crescente desaprovação em relação à contratação de pessoas com base na afinidade à cultura da empresa.[3] O argumento é que, ao empregar apenas quem é "adequado", você só contrata semelhantes. Isto é, ao admitir somente pessoas adequadas à cultura empresarial, você exclui as que não se parecem nem agem da mesma forma que as demais. Certamente, isso leva, na melhor das hipóteses, à estagnação cultural, e, na pior delas, à discriminação. Eu concordo. Acho que nunca se deve contratar alguém apenas por se adequar à cultura da empresa. Quando faço processos seletivos, meu foco é identificar quem tem capacidade para executar o cargo com eficácia. Isso frequentemente envolve a habilidade de se relacionar com os outros na empresa, e costuma incluir a capacidade de contribuir para a cultura organizacional. O objetivo é encontrar um indivíduo capaz de fazer o que precisa ser feito no cargo e no ambiente específicos. Esse também deve ser seu foco ao avaliar alguém na seleção.

PESSOAS SÃO MAIS DO QUE PONTUAÇÕES EM UM TESTE

Antes de detalhar como usar meu método de avaliação, deixe-me dizer um pouco mais sobre os testes formais de personalidade. Uma grande quantidade de pesquisas demonstra que alguns testes de personalidade *são* cientificamente válidos e úteis para determinar os aspectos essenciais da personalidade, prevendo alguns comportamentos e atitudes na função contratada.[4] Meus colegas e eu usamos esses testes como um componente de nossas robustas avaliações para seleção. Por exemplo, usamos um teste popular chamado Inventário Hogan de Personalidade para entender traços essenciais de personalidade e como eles se manifestam no ambiente de trabalho (mais sobre os testes Hogan adiante). Entretanto, como sugeri anteriormente, um bom teste psicométrico extrai os traços básicos, mas não como eles são expressos. Isso limita severamente nossa capacidade de fazer bons julgamentos sobre a adequação de uma pessoa para uma função. Para fazer isso de forma correta, você precisa de um nível mais profundo de compreensão. É preciso entender quem ela realmente é.

As empresas de recrutamento sabem que os clientes querem ouvir alguma coisa sobre personalidade, por isso muitas delas administram um teste para dizer que utilizaram algum. Mas as pessoas são muito mais do que pontuações em um teste ou as credenciais e experiências do currículo. Elas são complexas, e não ganhamos nada reduzindo-as a um número ou à faculdade em que estudaram. Testes de personalidade psicometricamente sólidos, combinados com as técnicas de entrevista com base na personalidade apresentadas neste livro, são a fórmula vencedora para fazer boas decisões de contratação.

A IMPORTÂNCIA DO CONTEXTO

Todo processo de seleção começa com o contexto. Antes de tentar avaliar a personalidade de uma pessoa, é preciso esclarecer a finalidade da avaliação. Cada ambiente de negócios é único, com uma cultura, um ambiente de operação, uma estratégia, um conjunto de líderes diferentes e assim por diante. Somente avaliando um contexto específico vamos estar em posição para julgar se alguém pode se encaixar em determinado papel. Digamos que eu avalie uma pessoa tímida para uma posição de vendas no varejo. Essa timidez pode afetar negativamente a capacidade de ela ter sucesso na função, e isso, portanto, é extremamente relevante. Entretanto, se eu avaliar a mesma pessoa para um trabalho de contabilidade no governo, sua timidez pode não ser tão significativa, pois será mais compatível com o ambiente. A mesma pessoa, contextos diferentes.

Muitas pessoas não começam processos seletivos com os objetivos desejados em mente. Com frequência, empresas montam uma descrição de vaga meia-boca que provavelmente encontraram na internet ou já usaram inúmeras vezes em outras situações. A maioria das principais empresas de recrutamento tem referências padronizadas sobre o que as pessoas em determinadas funções *devem* ter em termos de disposição. Elas divulgam esses padrões de referência para milhares de diretores financeiros, de recursos humanos e outros executivos, fazendo com que os clientes em potencial pensem que vão ter uma ideia de como o candidato se compara aos colegas naquela posição.

Esses padrões de referência podem parecer úteis em relação às experiências exigidas, mas são pouco proveitosos em termos de requisitos de disposição. Como as empresas variam de acordo com a indústria, a localização, o contexto histórico, os produtos, os desafios competitivos, os objetivos de longo prazo, as estratégias e muito mais, o conjunto preciso de traços de personalidade que ajudaria o líder a ter sucesso também varia. Uma pessoa perspicaz, analítica, criativa, de mente aberta, adaptativa, orientada para o crescimento e empreendedora pode prosperar como líder de uma startup de crescimento acelerado. Mas se essa mesma pessoa ocupasse uma função em uma grande multinacional, poderia não se sair tão bem. Nesse contexto, o sucesso pode estar em uma personalidade apropriada para administrar uma burocracia descentralizada e operar em uma cultura global bem estabelecida — em outras palavras, ser mais focado operacionalmente, ter orientação sistêmica, ser diligente e capaz de se comunicar com uma ampla gama de públicos e culturas, e assim por diante.

Um estudo com nove mil líderes de dezenas de empresas globais identificou cerca de trezentos desafios contextuais que confrontam líderes, desde objetivos estratégicos, como a necessidade de aumento em *market share*, a metas organizacionais, como a necessidade de transformar uma cultura tóxica. Conforme os pesquisadores descobriram, a adequação da personalidade de um líder, de sua experiência e das habilidades necessárias para as tarefas específicas a sua frente era o fator mais importante para determinar seu sucesso. Um pesquisador observou: "As empresas têm contratado e desenvolvido líderes genéricos que parecem cavalos de carga, quando aquilo de que realmente precisam é um puro-sangue com pontos fortes apropriados para uma pista de corrida específica".[5]

CRIE UM PERFIL DE SUCESSO

Em vez de listar os traços que acha necessário encontrar na pessoa a ser contratada, crie um perfil de sucesso verdadeiro, usando-o como critério para avaliar candidatos em perspectiva. Pergunte a si mesmo: quem nós *realmente* queremos? Isso começa com um foco nos resultados. O que a pessoa precisa realizar? O que ela vai precisar fazer de fato para ter sucesso? O truque aqui é elaborar essas perguntas inúmeras vezes, avançando para níveis de análise mais profundos. A maioria de nós é muito apressada para definir sucesso. Sabemos os resultados óbvios que buscamos, mas não refletimos sobre os comportamentos e as habilidades subjacentes que os definem, mesmo em funções de hierarquia mais baixa.

Em minha empresa, uma de nossas assistentes executivas ficou noiva e se mudou com o companheiro para a Nova Zelândia. Então tivemos que recrutar um novo assistente. Começamos montando uma lista de funções óbvias do cargo. Queríamos que nosso novo assistente fosse organizado, capaz de trabalhar com múltiplas tarefas, preparado para lidar com os horários movimentados de um consultor, e assim por diante. Mas então nos perguntamos: o que essa pessoa *realmente* precisa fazer para que a consideremos um sucesso? Bem, ela tem de ser talentosa em reduzir a ansiedade do consultor com quem está trabalhando. Tem de interagir bem com as personalidades diferentes de nosso escritório. Ser habilidosa em manter todo mundo seguro e dentro do cronograma ao coordenar viagens de negócios. Interagir bem com nossos clientes, reforçando a confiança deles em nossa empresa e nossa marca. Além disso, precisa ajudar nossa equipe a entregar o prometido, de modo que nossos clientes se sintam seguros em relação a suas decisões sobre pessoas. Com essa compreensão mais profunda da função em mente, estávamos mais bem posicionados para escolher o nosso novo assistente.

Assegure-se de pensar no contexto cultural mais amplo no qual a pessoa escolhida vai operar. Que valores e comportamentos relacionados definem sua cultura organizacional ou de equipe? Concentre-se aqui não na missão corporativa nem na afirmação da visão divulgada no site da empresa, mas na cultura que você deseja. Pense sobre sua cultura como ela realmente é: quem tem sucesso em sua empresa? E quem falha totalmente em se encaixar? Pense em problemas relacionados à personalidade que você pode ter encontrado no passado e que não deseja que se repitam. Pense, também, nas qualidades que as melhores pessoas em sua empresa quase sempre têm. Elas são colaborativas? Capazes de ter empatia com os clientes? São tomadoras de decisão fortes e voluntariosas? Extremamente competitivas? Éticas? Outra coisa?

Pense, também, sobre seus valores. O alinhamento em torno de valores tem um papel vital para saber se uma pessoa vai se encaixar bem com você e sua empresa, então deve fazer parte de seu Perfil de Sucesso. Ao refletir sobre valores corporativos conforme se aplicam ao Perfil de Sucesso, vá além do que está escrito no gráfico pendurado na parede da sala de reuniões. (Integridade está na lista, tenho certeza, mas o que isso significa?) Pense nos valores que mais representam sua empresa. Que crenças e princípios guiam o comportamento? Como você define certo e errado? Como você trata funcionários e clientes de um jeito que reflita o que mais importa para você?

Até este ponto, ao pensar no contexto mais amplo, nos concentramos no que é verdade para nós e nossas organizações *agora*. Você também deve contemplar o futuro e o que espera realizar. Eu peço a nossos clientes que levem a estratégia da empresa em consideração ao formar o Perfil de Sucesso. Como seus negócios vão se parecer em três, cinco ou dez anos? Como a empresa vai chegar lá, e o que ela vai precisar fazer nesse ínterim para executar essas estratégias? De que traços um líder ou sócio vai precisar para ajudar a executar a estratégia?

Se o objetivo de sua empresa é expandir para novas localidades ao longo dos próximos cinco ou dez anos, ela pode exigir líderes que tenham pensamento estratégico, *mindset* global, sejam colaborativos e capazes de forjar alianças com diversos parceiros, sejam abertos a novas culturas e experiências, e por aí vai. De forma semelhante, se sua empresa tem raízes como startup, mas está escalando rapidamente, você provavelmente vai querer um líder com o temperamento necessário para gerir sistemas mais sofisticados e estabelecer processos e procedimentos formais. Se seus objetivos envolvem uma abertura de capital no futuro, será importante que seus líderes tenham credibilidade em Wall Street, sejam sábios financeiramente e estejam confortáveis em um ambiente mais regulado.

Ao refletir sobre metas e estratégias futuras, pense especialmente sobre qualquer desafio externo específico que você ou sua organização vai precisar superar e como isso pode ser traduzido em traços de personalidade necessários para o sucesso. Seu mercado está ficando mais competitivo? Você vai precisar de pessoas obstinadas, que ponham a mão na massa e estejam prontas para a batalha. Surgiu uma tecnologia disruptiva no horizonte que vai afetar seu ambiente operacional? Adicione adaptabilidade, conhecimento tecnológico e foco no futuro à sua lista de traços exigidos. (Atualmente, vemos empregadores fazerem exatamente isso. Enquanto estava escrevendo este livro, o setor de serviços financeiros passava por uma mudança significativa. Como resultado, a fluência digital, a flexibilidade e o pensamento não convencional agora são as características de admissão para candidaturas de sucesso, mesmo em bancos tradicionais.)

A história recente da gigante tecnológica Microsoft ilustra os perigos de não antecipar os desafios futuros ao selecionar líderes, assim como os benefícios obtidos quando fazemos isso. Durante os anos 2000, as buscas na internet se tornaram um grande negócio, a telefonia móvel se difundiu pelo planeta e as redes sociais conquistaram milhões de usuários. Para tirar proveito dessas tendências, a Microsoft precisava de um líder visionário capaz de assumir riscos e inspirar o crescimento e a mudança da organização. Apesar de ter se tornado o presidente da empresa depois do fundador Bill Gates deixar o cargo de CEO, Steve Ballmer não era esse líder. Em vez de um aficionado por tecnologia, ele era um cara de finanças mais tradicional, acostumado a fechar acordos. Sob sua liderança, a empresa ficou atolada em burocracia e política e se limitou a produtos formidáveis, mas convencionais, como o Windows, o Office e serviços corporativos, perdendo uma fortuna em oportunidades e levando alguns a considerarem sua gestão como a "década perdida" da Microsoft. Como disse um jornalista, a empresa "se tornou um equivalente de alta tecnologia de uma indústria automobilística de Detroit, fazendo modelos mais chamativos do mesmo produto antigo que saía de linha, mesmo enquanto a concorrência conquistava o mundo".[6]

Em 2014, depois que Ballmer anunciou abruptamente que deixaria o cargo de CEO, a empresa nomeou como seu substituto Satya Nadella, um líder que, em virtude de seu temperamento, era adequado para ajudar a empresa a encarar seus futuros desafios. A Microsoft na época precisava ser reiniciada. Tinha de aprender mais uma vez a ser ágil, focada no consumidor, visionária e colaborativa para competir no que provavelmente seria uma era de rupturas rápidas e permanentes. Nadella comprovou ser empático, inovador e humilde como líder — o tipo de pessoa que podia inspirar uma organização a mudar. Uma de suas prioridades era liderar um renascimento da cultura da Microsoft, enfatizando o aprendizado e o desenvolvimento.

Nadella também era um visionário da tecnologia, capaz de antecipar as mudanças no mercado. Ele fez parcerias com concorrentes anteriores, como a Apple, a Salesforce e a Dropbox, e liderou aquisições brilhantes como a da Mojang (a empresa de games que faz o *Minecraft*) e a da rede social LinkedIn. Mais recentemente, parece que Nadella fez um investimento inicial muito inteligente na OpenAI, a empresa que desenvolve o ChatGPT. Seu sucesso, e o histórico menos bem-sucedido de Ballman, devem nos lembrar do seguinte: ao escolher líderes, é essencial focar não apenas naquilo de que precisamos agora, mas do que *vamos* precisar no futuro.

Para construir seu Perfil de Sucesso, escreva os contextos relevantes que o novo líder vai enfrentar. Em seguida, usando o Mapa da Personalidade apresentado no último capítulo, traduza o contexto em atributos pessoais necessários. Não tenha pressa — é bom que você crie um conjunto exaustivo de critérios de personalidade para avaliar os candidatos ao cargo. Quando você tiver uma longa lista de traços, organize-os em um conjunto de categorias administrável. Tente chegar a quatro ou cinco áreas da visão geral para avaliar os candidatos, com listas mais longas de subtraços anexadas a cada uma delas.

A **Figura 4** apresenta dois exemplos de Perfis de Sucesso, mostrando como as categorias se subdividiram para dois de meus clientes (Empresa nº 1 e Empresa nº 2) que estavam avaliando candidatos para posições de liderança sênior. Essas são versões resumidas; nos perfis verdadeiros, incluímos mais traços em cada categoria — em torno de dez a doze. Embora esses dois Perfis de Sucesso se sobreponham em certo nível, analisá-los lado a lado confirma como contextos diferentes podem levar a mapas diferentes.

EMPRESA Nº 1

Categoria nº 1: Solução de problemas

Capacidade intelectual e de julgamento excepcionais.

Grande atenção à precisão e à qualidade.

Nível de julgamento comercial de bom a excelente.

Rigor analítico: capaz de diagnosticar áreas de risco e oportunidades em potencial.

Paciente e capaz de pensar no futuro. Tem sempre em mente os interesses de longo prazo da empresa.

Categoria nº 2: Produtividade

Diligente e intrinsecamente motivado. Prospera com o trabalho.

Muita atenção aos detalhes e à excelência tática.

Altos padrões de excelência sem se paralisar pela perfeição.

Tem estrutura e disciplina sem rigidez.

Categoria nº 3: Impacto interpessoal

Tem foco constante em relacionamentos.

Estabelece conexões com facilidade.

Conquista e mantém relações confiáveis e se torna confidente de executivos em empresas parceiras.

Socialmente versátil, pode trabalhar com todos os níveis de uma empresa.

Busca opinião com colaboradores na empresa.

Categoria nº 4: Adaptabilidade/crescimento

Otimismo. Vê o lado positivo e se concentra em soluções, e não apenas em problemas.

140 | A CIÊNCIA DAS BOAS DECISÕES

Muito autoconsciente: conhece seus pontos fortes e limitações. Aceita receber apoio, se necessário (equipes de negociação, especialistas externos).

Consciente do impacto que causa nos outros em diversos ambientes.

Independência de pensamento.

Trabalho ativo nas próprias necessidades de desenvolvimento e em possíveis problemas.

Resiliente. Apresenta novas soluções ao se deparar com adversidades.

Categoria nº 5: Traços relevantes para a cultura da empresa

Não se preocupa com hierarquia. Capaz de fazer as coisas, em vez de se concentrar em política e ambição.

Exigente, mas capaz de apoiar. Demanda trabalho da mais alta qualidade, sempre respeitando os outros.

Tem um nível de sofisticação sem parecer se sentir melhor que os outros.

Possui mentalidade de "estamos nisso juntos". Faz um bom trabalho para a empresa, não para si.

Valoriza a colaboração. Compartilha e aprende com os outros, soluciona problemas em conjunto.

Mostra respeito e consideração pelos outros. Demonstra cuidado com colegas.

Lida com muitas demandas de forma produtiva. Lida bem com estresse e carga de trabalho.

EMPRESA Nº 2

Categoria nº 1: Pensar grande

Perspicácia nos negócios — conhece o negócio, a indústria ou as influências no mercado (por exemplo, o impacto das tendências de mercado, os acontecimentos políticos/regulatórios, as rupturas, as exigências dos clientes).

Prioriza a inovação — busca novas maneiras de fazer as coisas para ser mais eficiente ou produzir mais. Usa a tecnologia para isso.

Perspicácia financeira — entende o setor, como tornar o negócio lucrativo e como quantificar os resultados.

Pensamento no futuro — antecipa os efeitos consequentes das decisões.

Pensamento paralelo — possui capacidades estratégicas e *know-how* de execução.

Inteligente — é capaz de lidar com alto volume e complexidade de informações.

Categoria nº 2: Produtividade

Forte ética profissional — realiza tudo até que os resultados possam ser vistos.

Motivação por objetivos — não se deixa desviar de seus objetivos ou se intimidar, mesmo em ambientes de mudanças constantes.

Tendência à ação — observa, mas age rapidamente.

Senso de urgência — age e produz rapidamente e redefine as prioridades, se necessário.

Esforço para uma execução sem falhas — preocupa-se com os detalhes e a qualidade do trabalho. Não se intimida por altas expectativas.

Gestão com escopo flexível — pode mudar de orientação estratégica para tática ou operacional.

Categoria nº 3: Força interpessoal

É resiliente e não leva feedbacks para o lado pessoal.

Apresenta honestidade e transparência — mantém o fluxo de comunicação apropriado, sem pautas ocultas.

Equilibra o ato de ouvir com o de influenciar.

Apresenta comunicação flexível. Influencia uma ampla gama de interessados, entre eles profissionais, funcionários, investidores, colegas corporativos etc.

Mantém a compostura em uma crise — demonstra inteligência emocional e contenção; lê as entrelinhas; tem insights sobre si mesmo, os outros e os fatos de uma situação; ajusta o comportamento.

Tem coragem para tomar posição em uma situação impopular, mas de um jeito que leve a melhores resultados em vez de conflito.

Categoria nº 4: Liderança pessoal

Motivacional — encontra maneiras de motivar os membros da equipe; transmite formas de ser agressivo com oportunidades, mas não com pessoas.

Gestão de mudanças — apoia e aclimatiza uma equipe por meio de novas práticas. Enxerga a mudança como um processo.

Alto padrão de performance — deseja resultados rápidos e de alta qualidade.

Determinação — ajuda os outros a lidarem com reveses (contra a mentalidade de "nadar ou se afogar"); defende os interesses; soluciona problemas com a equipe.

Atenção — acompanha e monitora o progresso para saber o que está acontecendo.

Responsabiliza a si e aos outros por resultados oportunos e de alta qualidade.

Categoria nº 5: Valores

Alta energia, motivação e determinação.

Senso de propriedade pessoal e responsabilidade em todas as questões.

Empreendedorismo — abraça a velocidade, a mudança e a incerteza e se mantém em constante atualização com novas ideias (mantém a "cultura de startup").

Questiona o *status quo* — perfil competitivo, motivado e que pergunte: "Isso pode ser feito melhor?".

Alto senso de responsabilidade pessoal e integridade — acredita ser responsável pelas próprias ações e pelo próprio sucesso.

Autoconhecimento — conhece seus pontos fortes e limitações como líder.

Figura 4. Perfis de Sucesso para a seleção de um executivo.

A ENTREVISTA APROFUNDADA

Com o perfil em mente, é hora de obter o máximo possível de dados sobre a personalidade de seus candidatos. Vou compartilhar com você agora o jeito como conduzo o que chamo de entrevistas aprofundadas. É assim que obtenho os dados de que preciso para aconselhar meus clientes sobre decisões críticas de contratação. Se você quiser fazer melhores julgamentos sobre as pessoas, siga esse processo do jeito mais rigoroso possível.

Uma boa entrevista aprofundada exige tempo. Ela não pode ser apressada. Quando estou avaliando um candidato para um cargo, reservo três horas para entrevistá-lo. Em algumas situações cotidianas, isso não é possível. Inegociável, porém, é fazer a entrevista em um ambiente reservado, livre de distrações e olhares curiosos. Reúna-se em uma sala confortável e se assegure de ter contato visual direto com a pessoa que está entrevistando.

Guarde sua lista de perguntas, inclusive as que são baseadas em comportamento que disseram que ajudariam você — aquelas de guias de entrevistas ou que você mesmo já teve de responder: "Descreva um momento em que você demonstrou liderança frente à instabilidade. Qual era a situação, o que você fez e qual foi o resultado?". Embora isso pareça contraintuitivo para alguns, minha experiência profissional avaliando milhares de pessoas em mais de vinte anos aponta que perguntas sobre comportamento e eventos parecem rígidas e repetitivas, e você não vai descobrir nada sobre a pessoa a sua frente se confiar nelas.

Antes de iniciar a entrevista, tenha uma caneta e um caderno à mão e divida uma página em caixas, uma para cada do Mapa da Personalidade. Eu traço uma linha no meio da página (formando duas colunas), depois traço duas linhas horizontais, gerando seis caixas. Dedico cada uma às cinco caixas do Mapa, e a sexta para anotar insights sobre a personalidade da pessoa e outros dados relevantes. Então escrevo Intelecto na superior esquerda, Emocionalidade na superior direita, Sociabilidade na do meio à esquerda, Motivação na do meio à direita e Diligência na inferior esquerda. Deixo a inferior direita em branco. Com essa estrutura a sua frente, você está pronto para começar a entrevistar a pessoa e a preencher as caixas conforme a conversa progride.

No capítulo anterior, discuti algumas das técnicas que você pode usar durante a entrevista, mas vou recordá-las aqui para te ajudar a ver como elas se encaixam. Comece criando conexão. É muito importante que a pessoa se sinta relaxada e não como se estivesse sendo interrogada. Desenvolva uma química, tente fazê-la rir e reduza a intensidade a fim de preparar o terreno para uma conversa muito mais aberta e reveladora. Outro jeito de deixar as pessoas confortáveis é falar francamente sobre o propósito da reunião. Sem informação, o entrevistado pode supor o pior.

Então digo que minha esperança é entender o sujeito melhor. Em seguida explico que, em parte, quem somos como pessoas decorre de nossas experiências, por isso estou interessado em ouvir sobre as dele. Explico que sou muito curioso, então vou fazer todo tipo de pergunta sobre sua história pessoal e profissional para conhecê-lo melhor. E ressalto que a conversa é totalmente confidencial e que vou usar os insights obtidos, sintetizá-los com os resultados de qualquer teste de personalidade que eu possa pedir durante o processo e chegar a algumas conclusões sobre como a pessoa entrevistada se encaixa na função para a qual está sendo avaliada. Por fim, explico que, independentemente de qual seja a decisão final, terei prazer em dividir minhas descobertas e compartilhar qualquer feedback que eu tenha.

Estruturei cuidadosamente esse preâmbulo para informar, garantir consentimento e dissipar qualquer preocupação anterior que o entrevistado possa ter. Sei que as pessoas ficam preocupadas ao entrar em entrevistas como essa, e faço meu melhor para deixá-las à vontade.

Em seguida, pergunto ao entrevistado como está sua vida profissional. A ideia aqui é apenas fazê-lo falar. As pessoas são naturalmente reservadas quando as conhecemos pela primeira vez, especialmente quando sabem que estão sendo avaliadas. É preciso quebrar o gelo de algum modo, sem ter que falar tudo sozinho. Na verdade, faça com que lhe digam qualquer coisa. Eu começo essa fase de avaliação da entrevista fazendo perguntas mais fáceis e relativamente superficiais sobre a situação atual. Consegue descrever sua função atual para mim? O que faz e como é a organização hierárquica? Há quanto tempo trabalha(va) lá? Do que mais tem orgulho? Se eu pedisse ao chefe dessa pessoa para descrevê-la, o que ele diria? Essas perguntas básicas provocam todo tipo de resposta benigna. Essa é a ideia. Eu não estou interrogando, mas estimulando — e fazendo — a pessoa a falar.

Lembre-as da importância de falar diretamente com o entrevistado e prestar muita atenção a ele. Tenha seu caderno à mão e categorize os insights importantes, mas guarde o notebook: ele cria uma barreira física entre você e a pessoa avaliada. Digitar em um teclado e ficar com os olhos grudados na tela não permitem ver a pessoa nem captar nuances. Observe e escute o que está realmente sendo dito.

Depois de fazê-la falar, é hora de começar a obter uma leitura de sua personalidade. Como sugeri, somos, de muitas maneiras, uma junção de nossas histórias: as decisões que tomamos, as pessoas das quais nos cercamos, as lições que aprendemos, os desafios que superamos. Para realmente entender o outro, você deve descobrir a essência da jornada dele. Então faça com que fale sobre o passado. A melhor maneira de fazer isso é ajudá-lo a organizar sua história cronologicamente.

Para isso, peça à pessoa que descreva como seus pais ou outros indivíduos importantes de sua infância a inspiraram ou influenciaram. Então, pergunte-lhe como o temperamento dela própria se compara com o dos pais. Conforme discutido no Capítulo 3, essa é uma questão muito reveladora. A maioria das pessoas não espera por ela, especialmente em uma situação de entrevista, e elas não sabem como responder imediatamente. Muitas dizem coisas como "Meu pai não era muito de correr riscos, enquanto eu sou muito mais ambicioso e disposto a sair da zona de conforto"; ou "Minha mãe era uma pessoa muito cuidadosa e emocional, e eu herdei isso dela". Esses são insights importantes. Sigo em frente e pergunto sobre seus irmãos e o efeito que a ordem de nascimento teve sobre eles.

Ao perguntar sobre o passado dos entrevistados, frequentemente obtenho acesso a informações importantes sobre personalidade. Periodicamente ouço falar de uma pessoa que cresceu em uma fazenda e tinha que acordar todos os dias às quatro da manhã para ordenhar as vacas. Ela pode ter cultivado traços associados à caixa nº 5, Diligência. Outras vezes, escuto a história de alguém cuja família se mudava muito durante sua infância pois o pai era militar. Essa pessoa pode achar difícil manter relacionamentos e forçou-se a se desenvolver como extrovertida, que consegue se conectar rapidamente com novos amigos.

Quando sentir que aprendeu o suficiente sobre a infância do entrevistado, siga para o ensino médio. Geralmente passo muito tempo nessa fase porque é onde a maioria começa a formar a identidade. É claro que mudamos e amadurecemos ao longo da vida, mas é na adolescência que estabelecemos os ingredientes básicos da personalidade. Faça uma série de perguntas, incluindo: de que matérias mais gostava e em quais era melhor? Como era sua vida social? O que gostava de fazer com os amigos? Com que tipo de gente costumava fazer amizade e que tipo de pessoas tendia a evitar? Participava de aulas de esportes, artes ou algum outro hobby? Em paralelo à escola, teve que trabalhar? Como foram essas experiências? Se pudéssemos ter uma varinha mágica e voltar ao ensino médio, que tipo de pessoa veríamos? Até que ponto ainda se assemelha com esse jovem e quais foram as mudanças (além das visíveis)? No fim do ensino médio, qual era seu plano? Como decidiu seu próximo passo? Quem mais influenciou você naquele momento da vida?

Em seguida, pergunte sobre a faculdade. Seu entrevistado fez faculdade ou escolheu outro caminho? Como ele tomou essa decisão? Se foi para a faculdade, como decidiu em qual estudar? Como foi a transição para a faculdade? Onde ele morava? Ele tinha um colega de quarto? Como se saiu em seu primeiro ano? Que tipo de trabalho e hábitos pessoais mantinha? Ele costumava dormir tarde ou acordar cedo? Era bagunceiro ou organizado? Que tipo de estudante era: alguém que fazia um pouco por dia para se preparar para uma prova ou que deixava para estudar tudo na véspera? De que matérias ele mais gostava? Como escolheu sua especialização? Que grande revelação teve, se houve alguma, durante seus anos de faculdade? De que formas ele cresceu como pessoa? Mais alguma coisa memorável aconteceu com ele, positiva ou negativa? Ele foi membro de alguma fraternidade ou diretório acadêmico, e por quê?

A essa altura, faço uma coisa aparentemente insignificante que na verdade tem implicações essenciais: anuncio o que chamo de "intervalo". Fazer uma pausa de dez minutos por volta da metade de qualquer entrevista de emprego é uma das técnicas estruturais mais importantes que posso transmitir a você. A maioria dos entrevistados acha que o intervalo é para interromper o questionamento. Eles acham que se trata do que não está sendo dito, de ausência de material para processar. Na verdade, há processos psicológicos que só podem ser acessados no intervalo. Ele serve como uma espécie de reinício da conversa, dando-me uma chance para processar o que sei sobre a pessoa e o que ainda preciso saber. Porém, mais importante do que minhas próprias reflexões é o que está acontecendo no interior da cabeça do entrevistado. Eu sei que ele está ruminando o que acabou de acontecer. Eu lhe fiz todo tipo de pergunta sobre sua história e personalidade, e ele está repassando rapidamente as respostas que deu. Ele está se perguntando se disse algo revelador demais ou que pudesse comprometer o processo seletivo para o emprego em questão. Também está processando minhas perguntas e como provavelmente se surpreendeu com as respostas. Quando a entrevista recomeça, nós dois podemos sair um pouco da conversa e refletir sobre isso juntos. Em minha experiência, entrevistados costumam se abrir mais depois de terem uma oportunidade de processar o que foi dito.

Muitas pessoas usam a técnica de fazer um intervalo em encontros, talvez sem perceber isso. Ao pedir licença para ir ao banheiro em um encontro, use esse tempo de forma estratégica. Reflita sobre o que você sabe sobre a outra pessoa e o que ainda quer saber. Quando voltar, reinicie a conversa. Se você ainda não faz isso, verá que leva a conversa para um nível inteiramente novo.

Em uma entrevista de emprego, depois do intervalo faço uma pergunta que solicita as impressões do candidato sobre a conversa até então. Há algo em especial que ressoou nele ou o fez pensar? Costumo ouvir coisas como "Eu nunca pensei sobre como sou parecido com minha mãe", ou "É muito interessante pensar no que mudou e no que não mudou desde o ensino médio". Frequentemente eles oferecem nova informação sobre as histórias que contaram, revelando mais sobre suas personalidades. Às vezes, peço aos entrevistados que reflitam sobre si mesmos como se estivessem em um ponto de observação externo: "Pensando na primeira parte de nossa conversa, e sobre a história que você contou sobre si, como você caracterizaria essa pessoa?". Essa pergunta pode levar a novos insights e autorreflexão que me ajudam a refinar e validar minhas hipóteses. Também induz as pessoas a revelarem uma parte do diálogo interno que tiveram sobre si mesmas e suas identidades. Nunca se esqueça de fazer o intervalo.

Depois de processarmos juntos o que a pessoa estava pensando, conduzo a conversa de volta a sua história pessoal. Após a faculdade, quais eram seus próximos passos? Como foi a transição para o mercado de trabalho? Conseguiu criar alguma amizade útil com chefes ou colegas? Do que gostava e do que não gostava no primeiro emprego? Como foi sua primeira avaliação de performance? No que se saiu bem e no que se saiu mal? O que aprendeu? Como foi sua primeira experiência de trabalhar sob um gestor? Em retrospectiva, que conselho daria para aquela gestão? Como ou por que decidiu sair do primeiro emprego? Faça perguntas semelhantes sobre trabalhos subsequentes, para avaliar os relacionamentos construídos com chefes, colegas e outros, e peça que expliquem por que saíram e fizeram outros movimentos na carreira.

Uma vez que seu entrevistado tenha chegado à descrição do presente, peça que pense sobre o futuro e também sobre a vida fora do trabalho. Quais são seus objetivos profissionais? O que acha que precisa trabalhar profissional ou pessoalmente para atingir essas metas? Como é sua vida familiar? Se tiver filhos, que aspectos da sua personalidade se manifestam nos filhos ou são expressos na sua parentalidade? Que outras coisas são importantes na vida? O que faz para se divertir?

Essas são apenas algumas das muitas perguntas que faço (trabalhando também nas perguntas poderosas descritas no Capítulo 3). O objetivo não é ser exaustivo em relação a questões específicas. É simplesmente ter uma conversa com alguém, dando à pessoa oportunidade suficiente para revelar sua personalidade. Eu me permito grande nível de improviso nesse momento, aprofundando tópicos, experiências ou histórias que aparentemente poderiam gerar mais dados sobre personalidade. Às vezes, faço perguntas diretas aos entrevistados sobre temas que percebo surgir no desenrolar das histórias e também sondo o que posso nos territórios que pareçam ter mais valor emocional para eles.

Como mencionado no capítulo anterior, às vezes faço conexões com minha própria vida e minhas experiências, pois isso ajuda a criar conexão e estimular o entrevistado a continuar falando livremente. Embora eu me atenha à estrutura geral delineada aqui (o presente seguido por uma narrativa cronológica até o presente e além), é importante não ser rígido demais. Mais uma vez, se a entrevista parecer repetitiva ou forçada, os entrevistados vão ficar tensos e reter informações. É muito melhor fazê-los sentir como se estivessem tendo uma conversa natural e amistosa sobre suas vidas com um estranho curioso e interessado.

Tente fazer essas interações pessoalmente. O recrutamento passou a ser feito basicamente pela internet, mas acho isso um erro. Muita coisa se perde em videoconferências ou ao telefone. Conexões ruins de internet são o pior: é impossível captar nuances de comunicação verbal e não verbal com um vídeo picotado ou outros efeitos de latência. Mesmo nos melhores casos, a velocidade da internet e a tecnologia de videoconferências não têm a capacidade de transmitir alterações sutis nos espectros de áudio e vídeo que perceberíamos pessoalmente. Se possível, encontre com o candidato pessoalmente.

SIGA NA DIREÇÃO DE UMA DECISÃO

As técnicas de entrevista descritas aqui vão levar você a desenvolver insights profundos sobre os indivíduos e sua personalidade. Depois de terminar a entrevista, tire um tempo para refletir sobre a conversa e tomar notas mais extensas. Se tiver submetido o candidato a testes de personalidade cientificamente válidos, examine esses resultados e obtenha insights chaves que também se encaixem no Mapa. Por exemplo, os testes podem indicar que ele é extremamente extrovertido. Se, graças a sua entrevista, você obteve insights sobre seu estilo pessoal agregador, informal e autoconfiante listados na caixa da Sociabilidade, agora tem confirmação do traço de personalidade e a forma como ele se expressa especificamente nesse indivíduo.

A essa altura, você já determinou os traços essenciais da personalidade da pessoa e os organizou de forma coerente. A chave para ir de bons insights a um bom julgamento está na comparação do Mapa com o Perfil de Sucesso. Quanto essa pessoa se encaixa no Perfil? Há categorias em que ela seja especialmente forte ou fraca? Pense além da personalidade. Essa pessoa tem a experiência, os conhecimentos e as habilidades necessários para ser bem-sucedida no cargo? Como ela se compara com outros candidatos, tanto em termos do Perfil de Sucesso quanto de suas outras credenciais?

Ao colocar o Mapa e o Perfil de Sucesso lado a lado, você deve ser capaz de discernir se a pessoa é adequada ao cargo. Sua decisão será infinitamente mais bem informada do que se você não tivesse avaliado rigorosamente a personalidade, e, como resultado, seu julgamento vai ser melhor. Você pode tomar a decisão com confiança.

Eu me concentrei em decisões de contratação, mas podemos adaptar esse processo para fazer escolhas em uma série de situações pessoais e profissionais, seja para escolher um passeador de cachorro, decidir com qual cardiologista se consultar ou definir se começa um novo empreendimento com um sócio. Um dos maiores benefícios desse processo é permitir que sejamos muito mais reflexivos e deliberados. O processo deste capítulo transforma todos nós em detetives da personalidade. Torna você mais consciente do tipo de pessoa que está procurando e mobiliza sua curiosidade sobre os outros para descobrir traços específicos.

A política é uma área na qual espero que haja mais investigações. As pessoas levam de fato a personalidade em consideração ao decidir seu voto, mas geralmente avaliam a personalidade de forma impensada e superficial. Elas julgam rapidamente os candidatos com base em afiliações políticas — o time em que eles estão — e no estilo de comunicação, rotulando um candidato como um "lutador" e outro como "de baixa energia", outro ainda como "elitista". Um certo ex-presidente estadunidense era especialmente bom em ampliar os traços negativos dos rivais, rotulando-os como se fosse o valentão do pátio da escola. Embora esses rótulos possam ou não refletir de forma precisa as personalidades dos candidatos, eles nos dão uma leitura bastante incompleta, que desconsidera as dimensões e complexidades do caráter humano. Esses rótulos são também potencialmente irrelevantes, uma vez que, na maior parte do tempo, os eleitores ainda não começaram a pensar de forma sistemática sobre os traços de personalidade que fariam o ocupante de um cargo político ter sucesso.

Se você vota no seu país, provavelmente vai ter que tomar decisões políticas importantes nos próximos anos. Recomendo muito que use os insights contidos neste livro, sua perceptividade em especial, para fazer bons julgamentos. Comece criando um Perfil de Sucesso para o cargo. Por exemplo, o que a próxima pessoa na presidência precisa realmente fazer durante seu mandato? Que interesses ela vai ter de atender e como? Que desafios externos ela provavelmente vai precisar enfrentar, e o que vai ser necessário para enfrentá-los com sucesso? Pense bem sobre os traços de personalidade e valores específicos que ajudariam o próximo presidente a fazer um trabalho excepcional, em sua opinião, e, igualmente importante, quais atrapalhariam. Pinte um retrato detalhado do candidato ideal da forma mais objetiva possível sem avaliar precipitadamente os verdadeiros candidatos.

Depois de criar um Perfil de Sucesso claro, comece a coletar dados sobre os candidatos. Examine discursos, entrevistas na imprensa, livros e outros materiais escritos por eles, além de informação biográfica disponível na internet. Se você tiver sorte, tente interagir com a pessoa, mesmo que por apenas alguns minutos. O objetivo é tentar obter informação real sobre a personalidade, em oposição à persona pública que o candidato cultiva. Com frequência confiamos no que vemos em anúncios na TV, tuítes ou posts em outras redes para avaliarmos algo sobre a personalidade de um candidato. Depois de ter passado certo tempo com muitas pessoas públicas, inclusive ex-candidatos presidenciais, posso garantir que o que é visto na internet ou na televisão normalmente não passa nem perto de suas verdadeiras personalidades. Em vez de confiar em como as equipes de comunicação dos candidatos embalaram o caráter deles, nós mesmos devemos reunir dados e analisá-los com nossa própria metodologia.

Usando o Mapa da Personalidade, organize os insights obtidos nas cinco caixas de categorias. Teste continuamente esses insights e chegue a uma decisão muito melhor sobre os candidatos e vote de acordo com isso. Você vai ter exercido bom julgamento.

MERGULHANDO FUNDO NAS PESSOAS

Um cliente meu, uma família rica que tinha uma empresa conhecida e de muito sucesso no setor aeronáutico, estava diante do desafio de escolher o próximo CEO da empresa. O patriarca, então CEO e figura muito respeitada, estava se aposentando depois de uma carreira de sucesso de trinta anos, e o conselho diretor da empresa queria escolher o próximo líder dentre cerca de dez membros mais jovens da família.

Um candidato se destacava: o filho do CEO, Sam. Afável e inteligente, ele tinha estudado em universidades de elite e se saído bem. Depois de um período trabalhando nos negócios da família, foi estudar medicina e passou alguns anos como residente em cirurgia vascular. Então, sua carreira sofreu uma virada inesperada. Depois de provar um chocolate de produção local durante umas férias e de se apaixonar por seu sabor único, ele teve a ideia de criar uma nova marca de produtos orgânicos de chocolate. Em parceria com um famoso músico de rock, ele lançou a marca e se dedicou a erguê-la. Seus pais pensaram que ele estava louco por ter se tornado empresário — poucos membros da família tinham feito isso. Mas com o passar dos anos, conforme a empresa crescia, eles não o acharam mais tão louco, e com certeza não o acharam louco quando ele e o sócio venderam o negócio por 2 bilhões de dólares.

Embora Sam tivesse diversos parentes talentosos com experiência relevante que teriam sido bons candidatos ao cargo de CEO, nenhum tinha criado um negócio de bilhões de dólares. Não seria loucura que o conselho diretor da empresa encerrasse sua busca e simplesmente desse o cargo para ele. Mesmo que tivessem considerado outros candidatos, não era de se imaginar que o conselho fosse gastar muito tempo avaliando a personalidade deles — eles eram membros da família, afinal de contas, e bem conhecidos de todos os envolvidos. Mas foi exatamente isso o que o conselho fez, contratando a mim e a meus colegas para fazer o trabalho. Dito isso, entrevistamos o conselho, criamos um Perfil de Sucesso detalhado e fizemos entrevistas de três horas com os principais candidatos. Também aplicamos testes científicos de personalidade.

As entrevistas revelaram descobertas interessantes, incluindo algumas sobre Sam. Descobrimos que, embora parecesse tranquilo e moderado, ele tinha a habilidade visionária de antecipar condições futuras de mercado e estava disposto a correr riscos. Sam tinha tendência a ser bem sociável e diplomático no trato com as pessoas, embora às vezes tivesse dificuldades para se comunicar de forma clara e direta. Ele era bastante confiante em suas habilidades e ao mesmo tempo mantinha uma humildade cativante. Gostava de se sentir estimulado e tinha gosto pela aventura, por se movimentar rápida e decisivamente, e não era especialmente organizado nem interessado em estruturas e sistemas. Muitos desses traços lhe seriam úteis se viesse a ocupar o cargo de CEO, mas eu me perguntei se ele acharia tão divertido e recompensador administrar uma empresa grande e rígida e com um negócio estabelecido, como tinha sido começar uma empresa inovadora do zero. Se não achasse, poderia se consumir no emprego, com performance baixa ou uma saída prematura. Para tomar sua decisão, o conselho teria de avaliar esses riscos, e também levar em conta os pontos fortes e fracos que os outros jovens membros da família poderiam agregar ao negócio.

Como esse conselho entendeu, é importante gastar tempo para olhar além da superfície e realmente entender as pessoas, mesmo que você ache que as conhece. Você sabe mesmo o que as motiva, ou está familiarizado apenas com os aspectos isolados de quem elas são? E o quanto seus próprios preconceitos afetam seus julgamentos? Não levar a personalidade em consideração é um convite para o fracasso, mas reconhecê-la e ainda assim agir com base em impressões rápidas e não verificadas é tão ruim quanto.

A melhor abordagem é dedicar tempo para estudar as pessoas e discernir seus traços subjacentes. Você pode fazer isso por conta própria, sem contratar um consultor como eu. Pode pensar em si mesmo como um estudante do comportamento, um cientista, tentando entender o espécime que está a sua frente. Preste muita atenção ao que as pessoas dizem, como dizem e o que isso revela sobre a essência de sua personalidade. Procure realmente entender o outro. Mergulhar na personalidade de candidatos não vai garantir que você faça uma escolha excelente, mas certamente aumenta as probabilidades.

PRINCIPAIS INSIGHTS

- Ao avaliar candidatos para papéis importantes da vida profissional ou pessoal, é de grande importância entender o que os move.
- Testes formais podem nos ajudar a avaliar a personalidade como parte de um processo de seleção, mas cuidado: o Myers-Briggs e outros testes de personalidade populares não são científicos nem têm valor. A melhor abordagem é usar um teste científico rigoroso, mas confiar principalmente em entrevistas pessoais qualitativas.
- Para melhorar nossa perceptividade, devemos aprimorar a forma como conduzimos entrevistas de empregos formais. O primeiro passo é criar um Perfil de Sucesso que especifique exatamente quais traços são desejáveis para determinado cargo e seu contexto específico.
- Ao fazer entrevistas, utilize a abordagem básica descrita no Capítulo 2, mas a adapte para a tarefa que tem em mãos, tornando a conversa mais aprofundada e estruturada.
- Esse método pode ser usado em vários estágios do processo seletivo: para avaliar um grupo inicial de candidatos, para definir sua lista final e para validar sua escolha depois de tomar a decisão.

Capítulo 5

PREPARANDO RELACIONAMENTOS PARA O SUCESSO

Em 2015, um fundo de investimentos em que trabalhei me pediu que os ajudasse com a Platinum Jewelers, uma varejista de joias em expansão que estavam prestes a adquirir. Segundo todos os relatos, a Platinum parecia uma grande aposta. A empresa tinha um modelo de negócio inovador, uma estratégia vencedora e uma equipe de executivos experiente e talentosa. Mesmo assim, os sócios do fundo de investimentos tinham uma preocupação: embora já tivessem decidido fechar o negócio, eles se perguntaram qual seria a melhor maneira de administrar um relacionamento com Danielle, a fundadora da Platinum, uma pessoa brilhante e difícil. A empresa estava investindo muito capital na Platinum, e os sócios teriam que trabalhar de perto e em harmonia com Danielle para atingir o crescimento e a lucratividade que todos esperavam. Logo, eles achavam que maximizariam seu sucesso se entendessem melhor a personalidade de Danielle e previssem potenciais áreas de conflito. Sabiam, também, que ela precisava se desenvolver profissionalmente para executar sua tese de investimento, e tomaram atitudes para apoiar o crescimento dela como líder.

Nascida no Reino Unido, Danielle havia trabalhado em finanças antes de se associar com um experiente joalheiro local e fundar a Platinum Jewelers. Quando eu a avaliei, descobri que ela tinha muitos dos atributos do empreendedor clássico. Ela era inteligente e muito astuta e, como muitos empreendedores, tinha mais jogo de cintura do que conhecimento teórico — era extremamente intuitiva, estratégica e de mente prática. Ela também era muito trabalhadora e extremamente ambiciosa — queria ser bilionária e não escondia isso. Danielle amava a liberdade de operar de forma independente, e tinha confiança na própria habilidade para identificar oportunidades e ameaças que outros não viam. Ela não hesitava em correr riscos — era agressiva e oportunista, e gostava de fazer uma grande aposta por impulso. Ela amava a adrenalina de fechar um grande negócio. Sua abordagem padrão era assumir riscos com base na intuição, sem se preocupar muito com o que funcionou ou não no passado.

Danielle era bem sociável, embora não necessariamente de fácil convivência. Seu lema era "Trabalhe duro, divirta-se muito" — e, nossa, como ela gostava de se divertir. Ela também gostava de exibir seu poder e riqueza, a ponto de às vezes não parecer autêntica para os outros. Ela não era a chefe mais empática ou sensível, entediava-se com facilidade, interrompendo as pessoas no meio das conversas e seguindo adiante quando perdia o interesse. Ela não dedicava o tempo nem a comunicação cuidadosa necessários para obter a aprovação de sua equipe na hora de tomar grandes decisões. Às vezes, era áspera de forma exagerada. Se as pessoas a sua volta não entendessem o que ela estava dizendo, era uma pena. Ela era tão brilhante e ágil que às vezes não comunicava suas ideias com clareza, nem tirava tempo para refletir sobre suas ideias antes de enunciá-las. Dito isso, os outros muitas vezes a percebiam como extremamente agressiva e um pouco vendedora — não necessariamente alguém em quem pudessem confiar. Por outro lado, Danielle tinha autoconhecimento e entendia que às vezes irritava as pessoas mesmo que nem sempre tomasse atitudes para moderar suas tendências mais contraproducentes.

Ao avaliar a personalidade de Danielle, vi três questões primárias que ela e meus clientes teriam que administrar para tirar o máximo de seu novo investimento. Primeiro, enquanto eles e Danielle fizessem juntos a Platinum crescer, ela teria de contratar ou promover outros executivos experientes e delegar responsabilidades para eles — ela não conseguiria administrar sozinha um negócio enorme. De algum modo, meus clientes precisariam ajudá-la a manter seu gosto por independência sob controle. Segundo, a nova estrutura de propriedade da Platinum significaria menos espaço para riscos impulsivos da parte de Danielle. Ela ainda teria oportunidades para tomar atitudes ousadas, mas também precisaria tomar decisões equilibradas e bem pensadas em colaboração com seus sócios do fundo de investimentos, já que estava jogando com o dinheiro deles. Por fim, eu acreditava que a intensidade interpessoal de Danielle irritaria as pessoas em seu crescente negócio. Para ter mais influência como chefe, ela precisaria moderar o tom de seu comportamento extravagante e encontrar maneiras de se conectar com um conjunto diverso de pessoas.

Conhecendo meus clientes, percebi que a personalidade de Danielle não era o único problema em potencial ao qual ficar alerta. "Joe", um dos sócios seniores do fundo, parecia particularmente disposto a bater de frente com ela. Engenheiro de formação, era tão inteligente quanto a empresária, mas enquanto ela era intuitiva e conceitual — uma verdadeira pessoa de ideias —, Joe era muito mais linear, lógico e analítico. Joe também era conservador e contido, um grande contraste com o estilo vivaz e festivo de Danielle. Os dois eram confiantes, e ele frequentemente parecia impositivo e arrogante, como ela. Enquanto Danielle podia reagir com impaciência quando ficava entediada, Joe podia diminuir seu interlocutor ou fazer com que se sentisse estúpido caso discordassem. Levando em conta as personalidades fortes de Joe e Danielle, e a falta de tato que eles às vezes demonstravam ao lidar com os outros, me preocupei que os dois tivessem dificuldade para forjar um relacionamento forte estabelecido em torno de confiança e respeito mútuo. Eu também me perguntei como a ambição de Danielle funcionaria com a mentalidade institucional de Joe. Ele pretendia proteger a riqueza do fundo, enquanto ela queria gerar a dela. Como eles negociariam o gosto dela por correr riscos, levando em conta que era o dinheiro de Joe que seria apostado?

A maioria de nós não pensa com muito cuidado sobre as nuances e implicações práticas da personalidade — tanto a dos outros quanto a nossa —, seja no início de um trabalho ou de um relacionamento pessoal, ou depois, quando tentamos administrá-los. Não antecipamos potenciais armadilhas que podemos enfrentar levando em conta nossa personalidade e a dos outros, nem tomamos ações preventivas. Para melhorar nossos relacionamentos, pensamos sobre estratégias posteriores. Ou seja, esperamos estar em um relacionamento e então procuramos coisas que podemos fazer para torná-lo agradável e produtivo. A sabedoria convencional sobre como otimizar relacionamentos está focada em áreas como comunicação clara e honesta, demonstração de confiança, respeito de limites, trabalho de forma colaborativa, reconhecimento dos pontos fortes dos outros, solicitação de feedback, abertura a novas ideias e demonstração de empatia.[1]

Essas práticas são ótimas para administrar relacionamentos com pessoas em geral, mas na verdade são apenas básicas. Estratégias proativas envolvendo a psicologia da personalidade são infinitamente mais poderosas. Uma das que uso no começo de um relacionamento profissional é desenvolver um "manual de pessoas". Da mesma forma que um manual do usuário dá informações básicas sobre o produto e sobre como mantê-lo em boas condições de funcionamento, um manual de pessoas contém informações básicas sobre suas personalidades e os comportamentos relevantes que eles precisam ver nos outros para ter sucesso trabalhando com eles.

Isso faz sentido: pessoas que estão entrando em relacionamentos profissionais com outros geralmente procuram entendê-los, descobrir o que os motiva e mudar o próprio comportamento para obter os melhores resultados. Em algumas religiões, pastores se reúnem com parceiros românticos e os ajudam a conhecer um ao outro na preparação para o casamento. A maioria das empresas tem processos para receber novos CEOs, permitindo que esses líderes e os membros da equipe de executivos conheçam uns aos outros, assim como suas capacidades, prioridades e estilos de trabalho.[2] O que estou sugerindo é fazermos essa espécie de investigação minuciosa de forma muito mais extensa e deliberada do que a norma, aplicando uma estrutura de personalidade essencial com base na ciência da psicologia.

CRIANDO UM MANUAL DE PESSOAS

Depois que você usar o Mapa da Personalidade para entender os outros e seus traços estáveis de personalidade, criar um manual não será difícil. Pense em um relacionamento que você começou a construir recentemente. Talvez seja com um chefe ou um membro novo de equipe. Que tipos específicos de comportamento você deve adotar para corresponder melhor às expectativas e necessidades dele? Como você pode se relacionar com a outra pessoa para se comunicar bem, evitar conflitos e administrá-los quando ocorrem, em geral mantendo o relacionamento saudável, interessante e nos trilhos? Seu objetivo aqui é criar uma lista dos principais comportamentos a serem adotados e evitados durante suas interações, uma lista que possa guiá-lo pelos altos e baixos inevitáveis de um relacionamento.

Para te ajudar a montar essa lista, recomendo que construa hipóteses em torno de algumas áreas importantes. Pergunte-se:

1. Quais atitudes e comportamentos provavelmente vão irritar essa pessoa, ou, ao contrário, vão agradá-la?
2. Qual a melhor maneira de motivar essa pessoa a fazer o que quero? E como posso mantê-la motivada com o passar do tempo?
3. O que posso fazer para me dar bem com essa pessoa?
4. Como posso ler melhor os estados de ânimo dessa pessoa — os comportamentos que sugerem que ela está triste, feliz, com raiva e assim por diante?
5. Qual a melhor maneira de dar feedback construtivo para que essa pessoa tenha mais chance de aceitá-lo?
6. Em geral, o que essa pessoa precisa do nosso relacionamento em função da personalidade dela?
7. Como essa pessoa fica quando está sob estresse? Quais são os sinais visíveis de estresse?
8. Que tipo de desafios ou circunstâncias provavelmente vão desviar essa pessoa do rumo do trabalho dela?
9. Quanto posso confiar nessa pessoa e como vou saber quando está me traindo?
10. Conhecendo a mim mesmo, até que ponto a personalidade dessa pessoa provavelmente vai me desafiar? Que áreas problemáticas específicas devo observar com atenção e que passos posso dar para mitigá-las de forma proativa?

Responder a essas perguntas vai permitir que você gere uma lista de regras essenciais básicas que poderão ser empregadas para navegar pelo relacionamento. Não precisa ser uma lista longa — até mesmo três ou quatro regras básicas inteligentes podem fazer uma grande diferença. Embora elas não garantam que você vá construir confiança e evitar conflito, vão te ajudar a agradar a outra pessoa, a evitar ou minimizar conflitos, e a lidar produtivamente com tensões quando elas ocorrerem.

Anos atrás, quando eu estava trabalhando em uma firma maior, criei um manual de pessoas para um sócio sênior que vou chamar de Bob. Ele estava gerenciando a conta de um cliente com quem eu trabalhava, por isso, Bob, na prática, era meu chefe. Estávamos entrando em conflito nos últimos meses, e a tensão chegou ao auge quando ele me confrontou de surpresa e falou mal de meu trabalho de forma agressiva. Apesar disso, eu queria preservar o relacionamento — sabia que Bob era respeitado, mesmo que não especialmente querido, por muitos na empresa, e não seria prudente brigar com ele. Como sócio sênior, ele detinha poder sobre mim e poderia haver alguma reação. Além disso, eu me dava razoavelmente bem com ele antes e tínhamos algumas coisas em comum. No entanto, ele estava sendo um completo idiota, e eu precisava de uma estratégia.

Aplicando o Mapa da Personalidade para organizar meu pensamento, eu sabia que Bob era extremamente inteligente e um pensador muito complexo, que tinha a capacidade de entender rapidamente até os conceitos mais difíceis com facilidade (caixa nº 1: Intelecto). Ao mesmo tempo, ele podia ser teimoso e até combativo quanto às suas opiniões sobre tudo, de atendimento ao cliente a política e acontecimentos do momento. Ele sempre parecia estar pronto para uma briga (caixa nº 2: Emocionalidade).

Além de ser um psicólogo organizacional eficiente, Bob havia se destacado como líder e comunicador forte — carismático, envolvente, articulado e engraçado (caixa nº 3: Sociabilidade). Nos últimos tempos, porém, sua carreira de sucesso tinha lhe subido à cabeça, e ele parecia se convencer da própria fama, exalando arrogância.

Em termos de suas motivações e estilo de trabalho (caixas nº 4 e 5), Bob era ambicioso e se preocupava muito com a reputação profissional. Ele almejava o sucesso financeiro, não para seu próprio proveito, mas porque queria ser conhecido como uma pessoa de sucesso. Ele também se preocupava com a família e a comunidade, e queria ser reconhecido como um bom pai e bom cidadão. Quanto ao estilo, era frustrantemente perfeccionista com o trabalho dos outros, mas desestruturado com o próprio.

Considerando minha lista de perguntas à luz desses insights, cheguei a regras básicas importantes que podiam guiar meu comportamento. Notavelmente, reconhecer que ele podia reagir com agressividade se suas crenças e opiniões fossem desafiadas; logo, eu poderia tentar evitar esses e outros tópicos. Não valia a pena bater de frente com ele nessas questões, e se eu conseguisse evitar instigar um incêndio emocional, nossa parceria seria beneficiada.

Segundo, em ocasiões em que pudessem emergir diferenças de opiniões, e eu quisesse influenciar o pensamento dele, percebi que deveria continuar a envolvê-lo em vez de ignorar ou reprimir o conflito. Por ser uma pessoa extremamente sociável, Bob valorizava conversar e gostava de falar sobre áreas de discordância. Na verdade, ele gostava do duelo verbal. Evitar conversas potencialmente difíceis apenas o frustraria.

Dito isso, ao interagir com Bob, eu não tentaria convencê-lo dos fatos ou da ciência, pois isso nos levaria a um beco sem saída (terceira regra básica). Independentemente se minha lógica fosse superior à dele, ele resistiria imediatamente ao que eu estava dizendo porque estava acostumado a duelos intelectuais, sabia que era bom nisso e se orgulhava de ser a pessoa mais inteligente da sala. Como ele era teimoso e pavio curto, eu também evitaria dar qualquer impressão de questionar sua autoridade, e em vez disso transmitiria meus pontos de vista de modo a afirmar sua competência e inteligência (quarta regra básica). Sabendo quanto ele gostava de ganhar, eu me absteria de tentar ganhar uma discussão com ele e me concentraria em alcançar os resultados desejados enquanto o fazia *sentir* que tinha vencido.

Por fim, ao entender que Bob não era uma pessoa especialmente organizada e que não faria o menor esforço para promover reuniões de atualização comigo regularmente, eu não esperaria que ele me procurasse (quinta regra básica): eu pediria a ele que me colocasse na agenda. Além disso, não interpretaria o silêncio dele como um desprezo intencional.

Ao me manter atento à personalidade de Bob, eu conseguiria ajustar minhas próprias expectativas, evitando ficar com raiva e iniciar um conflito.

LIDERAR MELHOR EQUIPES E ORGANIZAÇÕES

Além de desenvolver manuais de pessoas que você já conhece bem, é possível também usá-los para conhecer melhor pessoas novas. Esse é especialmente o caso de novos funcionários ou uma nova equipe. Em 2002, uma executiva que vou chamar de Lauren foi nomeada gerente de marketing de uma importante varejista. Ela substituiu um líder de longa data que todos conheciam, mas que ninguém achava muito bom. Era nitidamente a hora de uma mudança, e as pessoas se empolgaram ao saber da chegada da nova gerente.

166 | A CIÊNCIA DAS BOAS DECISÕES

Como parte do processo de integração de Lauren, realizei uma avaliação executiva que delineava os principais aspectos da personalidade e da capacidade que afetariam a habilidade dela de se sair bem na empresa. Como discutido no Capítulo 4, isso incluiu uma série de testes de personalidade cientificamente válidos e consistentemente confiáveis e uma entrevista aprofundada de três horas, durante as quais conheci sua história de vida. Como resultado da avaliação, alguns pontos importantes ficaram claros. Primeiro, Lauren era excepcionalmente inteligente, criativa e estratégica. Ela tinha a experiência certa, além da motivação exigida para se sair bem na função. Era bem arrumada e se portava bem, traços, porém, que às vezes podiam ser percebidos como estoicismo. Ela era quase perfeita demais: bem preparada e com as frases certas na ponta da língua, mas um pouco robótica. Tudo era muito ordenado: o que dizia, a maneira como se vestia e a forma como se portava. Lauren não fazia um gesto errado ou distraído. Tudo era tão… embalado, que parecia que ela não era autêntica.

A aparente falta de autenticidade teria consequências enormes em sua habilidade de se integrar à empresa, que reverenciava líderes motivacionais frequentemente encontrados em culturas varejistas de alto crescimento. Se as pessoas não conseguissem acreditar nela, como acreditariam em sua liderança? O segredo era perder o verniz e aumentar a autenticidade. Lauren precisava soltar o cabelo, falar um palavrão de vez em quando (minha sugestão) e deixar que as pessoas entrassem em seu mundo. Eu a aconselhei a criar para si mesma um manual que os outros pudessem usar para entender quem ela *realmente* era, como podiam ter sucesso sendo subordinados a ela, como podiam solucionar problemas quando as coisas dessem errado, o que a deixava irritada e assim por diante.

Ao criarmos esse manual, percebemos que seria melhor transmiti-lo com uma história. Para baixar a guarda e demonstrar autenticidade,

Lauren precisava revelar alguma coisa sobre sua experiência de vida que demonstrasse que ela era uma pessoa de verdade. Então ela fez isso. Cerca de um mês depois de entrar na empresa, ela fez uma grande reunião com a equipe. Com todo o pessoal do marketing e de funções afins presente, ela subiu ao palco de jeans e camiseta (em contraste com seus terninhos de alfaiataria) e contou como tinha crescido como uma menina masculinizada que sofrera com garotas más durante a época da escola. Além disso, Lauren disse que sua mãe nunca havia lhe mostrado como se maquiar ou se vestir de um jeito feminino. Como resultado, ela sempre se achou feia (foi muito forte ouvi-la dizer isso). Contou que sofrera bullying e que se sentia inferior às colegas. Então, de forma inspiradora, ela descreveu como se tornou determinada a nunca mais se permitir sentir aquilo. Lauren aprendeu a se vestir bem e a se apresentar da maneira que ela achava apropriada. Essa atenção crescente à estética e ao design foi, na verdade, a origem de seu interesse por marketing, e provavelmente foi assim que se tornou quem é.

"Eu sei", disse ela, "que às vezes pareço educada ou ensaiada demais. Eu sei que esse é o meu escudo. Mas quero que vocês saibam que há uma pessoa por trás disso, com defeitos e tudo mais, e sou grata por estar na posição de liderar vocês." Parado no fundo do auditório, pude ver as pessoas ficarem boquiabertas. Todos os presentes aplaudiram de pé. Que momento. "Então, sabendo disso", prosseguiu, ela, "eis aqui o que vocês podem esperar de mim..." Ela descreveu seu estilo de liderança estruturado em grande parte usando as categorias do Mapa da Personalidade, então discutiu como pretendia abordar sua nova função. Nos dias subsequentes, Lauren me contou como as pessoas a abordavam espontaneamente e contavam as próprias histórias. Todos falavam com ela de um jeito que nunca tinha visto antes: pessoal, aberto e muito humano.

Também costumo trabalhar com meus clientes para criar manuais para *equipes* inteiras, não apenas para os indivíduos. Eu faço isso no contexto do engajamento eficaz da equipe, quando uma equipe sênior me pede ajuda para melhorar sua performance e trabalhar melhor em conjunto. Para isso, realizamos uma série de reuniões fora da empresa, eu observo a equipe e conduzo avaliações individuais para dar feedback aos membros sobre suas próprias contribuições. Como é bem comum nesses modelos de engajamento, uma das reuniões que fazemos fora da empresa envolve a compilação de resultados de avaliações individuais e a determinação do impacto coletivo da constelação de personalidades da equipe. Ao analisar os resultados de testes de personalidade dispostos no mesmo gráfico com todos os colegas, você obtém uma personalidade coletiva da equipe. Pode-se argumentar que a personalidade coletiva de uma equipe é um reflexo de sua cultura. Se, por exemplo, você descreve uma equipe como composta de pensadores complexos e analíticos um pouco tímidos e desconfortáveis uns com os outros, ainda assim disciplinados no acompanhamento do progresso diante de objetivos, na verdade está descrevendo sua cultura. O mesmo vale para uma equipe de líderes vindos de cidades pequenas que não têm muita educação formal, mas têm sucesso porque trabalham bem em grupo, brincam uns com os outros e apoiam uns aos outros durante os momentos difíceis. Essas são ao mesmo tempo as personalidades e a cultura a nível de equipe.

O objetivo de avaliar a personalidade de uma equipe é entender do que ela precisa para ter uma performance melhor. No contexto de meu trabalho, pegamos a personalidade da equipe e montamos um quadro. Esse quadro é um conjunto de normas da equipe, o que fazer e não fazer, além de comportamentos aspiracionais. Uma equipe cheia de pensadores analíticos tímidos pode ter um quadro que comprometa os membros a passar mais tempo social juntos, a conversar sobre metas práticas em vez de teóricas e a abrir espaço para brainstorming criativo no fim de todas as reuniões. Uma equipe de líderes de cidades pequenas pode ter um quadro que exija a adoção de ritmos de gestão mais sofisticados e estruturados, em que se responsabilizem uns pelos outros, não usem o humor como forma de desviar conversas difíceis e se comprometam com o desenvolvimento pessoal formal. Fazer com que uma equipe veja a si mesma, entenda sua personalidade coletiva e se alinhe em torno de um manual de grupo levam, em última análise, a uma alta performance.

RESOLVENDO CONFLITOS COM MAPAS DE PARCERIA

No fim de 2020, recebi um telefonema do chefe de recursos humanos de uma grande empresa do ramo de saúde. Dois dos executivos seniores da empresa — "Gerry", o conselheiro-geral, e "Charles", o diretor financeiro — estavam em pé de guerra. Eles se atacavam abertamente em reuniões e reclamavam um do outro para terceiros. A confiança entre eles tinha sido abalada ao descobrirem com líderes e membros do conselho que um falava mal do outro. Eu conversei com os dois, e a questão central pareceu ser uma reclamação por parte de Charles de que Gerry o estava intimidando. Em particular, Gerry estava assumindo de maneira agressiva a responsabilidade de questões sob a autoridade de Charles e buscando orientação do conselho diretor sem envolvê-lo.

Ao me reunir com cada um deles e conduzir avaliações informais, descobri que tinham personalidades muito diferentes. Gerry era um pensador analítico, capaz de entender questões complexas, mas também era excessivamente lógico, e muitas vezes chegava a conclusões que, embora tecnicamente corretas, não levavam em conta as emoções humanas. Por ter crescido em uma área violenta do Brooklyn e trabalhado em um banco de investimento com uma cultura extremamente competitiva, ele tinha a personalidade de um advogado ousado e impetuoso. Era agressivo e rude com as pessoas, sem filtro, dizendo a elas exatamente o que pensava sem se importar muito com seus sentimentos. Se os outros não gostavam dele, ele não via problema nisso: preferia trabalhar de forma independente e geralmente não confiava nos outros ao tomar decisões. Como consultor-geral, Gerry acalentava um forte sentimento de dever em relação à organização, mas, em seu fervor por fazer a coisa certa, tornou-se arrogante e teimoso e deixou de questionar as próprias posições ou de levar em conta o ponto de vista de outras pessoas. Ele gostava de estar no controle e, como já havia chegado ao auge em sua profissão, parecia motivado a construir um império de influência para si mesmo dentro da empresa. No trabalho, ele era extremamente diligente e orientado para os detalhes, e dava grande valor à precisão.

Charles era igualmente inteligente e detalhista, mas, em outros aspectos, era bem diferente. Em especial, tinha uma postura muito mais gentil. Embora não fosse do tipo insistente e confiasse no próprio julgamento, tinha tendência de suavizar as mensagens para evitar ofender os outros. Charles podia ser combativo, mas tendia a adotar um comportamento passivo-agressivo. Em linha com suas raízes do Meio-Oeste, ele frequentemente reprimia suas emoções verdadeiras, dando um sorriso astuto e irônico quando o que queria realmente era ter um acesso de fúria. Ele era mais colaborativo que Gerry e na verdade me pareceu um tipo pacificador. Embora estivesse com raiva de Gerry, Charles parecia mais determinado a deixar as desavenças de lado. Ele não parecia tão interessado em acumular poder ou autoridade, nem sentia necessidade de marcar território.

Para ajudar Gerry e Charles a terem um relacionamento melhor, fui facilitador de algumas sessões com eles. Sinceramente, não amo fazer esse tipo de trabalho de gestão de conflito porque é semelhante a terapia de casais e frequentemente termina mal. As sessões, porém, eram importantes, considerando a forma crítica como os dois lidavam com a empresa. Precisávamos dar uma chance ao relacionamento.

Depois de estabelecer regras básicas para nossa conversa e de determinar objetivos, fiz com que eles contassem a própria narrativa do conflito, contemplando as causas e explanando o que cada um podia fazer para passar por cima daquilo. Charles estava visivelmente ansioso para botar o relacionamento nos trilhos, enquanto Gerry parecia relutante, mas disposto a aceitar um recomeço. Com minha orientação, e tendo em mente o que eu tinha avaliado sobre a personalidade de cada um, os dois concordaram com uma série de regras básicas que podiam usar para orientar o avanço de seu relacionamento. Chamo essas regras de "mapa de parceria" — basicamente, um manual criado conjuntamente para o relacionamento.

Gerry e Charles concordaram em ser honestos um com o outro. Os dois passariam a se comunicar diretamente em vez de falarem pelas costas e se esforçariam para se expressar de maneiras que não diminuíssem o outro — um desafio em especial para Gerry, mas que ele se comprometeu a trabalhar. Os dois respeitariam o conhecimento e a autoridade um do outro, mesmo quando um deles estivesse convencido de que estava certo (mais uma vez, especialmente importante para Gerry). Por fim, os dois tentariam manter a mente mais aberta um com o outro, dispostos a refletir sobre ideias que, à primeira vista, parecessem equivocadas.

Além de estabelecer essas regras, o mapa da parceria tinha mecanismos para responsabilizar Gerry e Charles. Os dois concordaram em transmitir as regras básicas de seu acordo para as respectivas equipes, assim como para outros executivos principais. Esses líderes ajudariam a manter Gerry e Charles em sintonia, relatando-me qualquer situação que considerassem um descumprimento do acordo. Esses líderes também se absteriam de comportamentos contrários ao mapa, como fofocar com Gerry ou Charles pelas costas. Gerry e Charles concordaram em avaliar comigo seus desempenhos depois de três meses e novamente depois que seis meses tivessem se passado.

Ao criar manuais para você mesmo e para outras pessoas ao seu redor, você pode evitar conflitos prejudiciais. Se estiver em conflito com alguém, utilize as ferramentas que discutimos neste capítulo. Claro, a criação de um mapa de parceria não é garantia que você vá conseguir resolver as questões que tem com os outros. Às vezes, personalidades entram em confronto com demasiada força para permitir um resultado positivo. Da mesma forma, todos nós carregamos bagagem psicológica e caímos em hábitos nocivos quando estamos estressados, esgotados ou sobrecarregados. A melhor maneira de lidar com o conflito é enfrentá-lo de frente. Um manual de parceria facilita isso.

Enquanto trabalhava com Gerry e Charles, percebi que eles provavelmente não conseguiriam recuperar o relacionamento a longo prazo. Desconfiei que o comportamento agressivo e às vezes conspiratório de Gerry refletisse algum traço subliminar de personalidade que impediria que se desse bem com qualquer pessoa. Infelizmente, eu estava certo. Meses depois, ele deixou a organização após ter tido problemas com outras pessoas. Um mapa da parceria frequentemente pode estabilizar um relacionamento conflituoso por um período de tempo, mas, em muitos casos, a melhor solução pode ser mesmo terminar o relacionamento — para o bem de todos.

VOCÊ CONHECE BEM AS PESSOAS?

Construir e manter relacionamentos significativos exige muito trabalho. Trata-se de demonstrar respeito pelos outros, de se comunicar aberta e honestamente com eles, de respeitar seus limites, de afirmar seu valor aos nossos olhos e assim por diante. Mas há uma estratégia ainda mais básica à qual frequentemente não damos atenção: investir tempo e esforço para tentar conhecer realmente os outros e descobrir o que os motiva. Em nossa sociedade digital acelerada, gastamos a maior parte de nosso tempo com a atenção em outro lugar, quando na verdade muito do que precisamos saber para viver e trabalhar em harmonia com os outros está bem à nossa frente. As ferramentas que apresentei — o manual de pessoas e o mapa de parceria — nos dão exatamente isso: a possibilidade de comportar-se de maneira a apoiar, afirmar e agradar não só as pessoas em geral, mas principalmente quem é importante para nós.

Há outra razão para prestar atenção à personalidade em relacionamentos. No Capítulo 1, contei a história de Frank, o fundador de uma empresa de softwares que queria deixar as operações do dia a dia e contratar um CEO para administrar seu negócio. No início, Frank contratou um candidato de fora da empresa cuja personalidade o tornava inadequado para o trabalho. Quando não deu certo com esse líder, o empresário decidiu substituí-lo, dessa vez por uma líder que tinha crescido dentro da empresa. Ele optou por Sonia, uma líder forte que havia ajudado a gerir um dos negócios essenciais do portfólio da empresa. Então Frank me procurou com um novo pedido. Ele estava empolgado por ter Sonia como a nova diretora de operações, e achou que as coisas correriam bem com ela, mas queria ter certeza de que o relacionamento entre eles começaria da melhor maneira possível.

Eu poderia assessorá-los durante o primeiro ano para ajudá-los a lidar de forma proativa com qualquer questão que pudesse surgir?

Depois de concordar em ajudar, conduzi uma avaliação de Sonia. Quando me sentei para nossa entrevista de três horas, eu não esperava que a avaliação fosse especialmente reveladora. Sonia parecia muito simpática, mas não especialmente carismática ou vivaz. Para mim e para outras pessoas na empresa, ela parecia uma pessoa prática — calma, equilibrada, inteligente; uma gestora sólida. Comecei como sempre faço, pedindo a Sonia que falasse sobre seu cargo atual, então retrocedi ao passado. Quando pedi que citasse quem mais a havia influenciado na infância, ela mencionou a avó. "Como eram seus pais?", perguntei. Sem aviso prévio, a postura de Sonia mudou. Ela ficou calada, com o corpo rígido, e empalideceu.

Sonia começou a me contar algo que poucas pessoas em sua vida sabiam. Quando era pequena, o padrasto, um ex-sargento do exército que se tornou incorporador imobiliário de sucesso, abusava dela e a agredia, a ponto de Sonia ter ido parar no hospital. A mãe, viciada em drogas, estava fora de cena, incapaz de ajudar. Quando Sonia fez 8 anos, outros membros da família intervieram, e os pais de Sonia a mandaram para um colégio interno. Pelo resto da infância, Sonia viveu afastada dos familiares, vendo os pais apenas em feriados eventuais.

Apesar do trauma dessas experiências, Sonia conseguiu prosperar no colégio interno. Ela tirava ótimas notas e foi admitida em uma boa faculdade. Logo depois da formatura, começou a trabalhar em uma grande empresa de tecnologia e construiu uma carreira de sucesso. Durante a maior parte da vida adulta, Sonia bloqueou o que havia acontecido com ela, distanciando-se da família e se concentrando em viver a própria vida. A estratégia tinha funcionado até poucos anos antes, quando o passado finalmente a alcançou. Enquanto velejava pelo Caribe, Sonia foi tomada por emoções e desmoronou de forma repentina e inesperada, dando-se conta de que tinha de confrontar o padrasto em relação ao que tinha acontecido. Ela fez isso algumas semanas depois, na esperança de que ele assumisse a responsabilidade pelo que tinha feito. Infelizmente, ele se recusou. Sonia teria de processar suas emoções por conta própria e de algum modo encontrar um jeito de perdoar o padrasto para não ser atormentada pela raiva.

Enquanto ouvia, a princípio senti o estômago embrulhar ao saber como os adultos de sua família tinham sido cruéis com ela. Fiquei muito triste por Sonia ter passado por aquele trauma. Mas, no geral, fiquei pasmo com sua resiliência e me senti inspirado por sua capacidade de sobreviver a sua infância e seus horrores. Nitidamente, ela era muito especial. Ao refletir sobre sua personalidade, tive certeza de que suas experiências na infância a haviam moldado de maneiras fundamentais. Intelectualmente, ela não era apenas decisiva e firme ao tomar decisões, mas dava grande ênfase à justiça — o que é compreensível, ao levarmos em conta a maneira injusta como fora tratada na infância. Ela tinha um quê de crueldade a sua volta, uma determinação de ter sucesso a qualquer custo que talvez refletisse o modo duro e frio com que o padrasto a tratara. Socialmente, Sonia assumia uma postura calma e distanciada que deixava os outros com uma sensação de que não a conheciam profundamente. Ela tinha aprendido a compartimentar as emoções e a manter as pessoas a uma distância segura desde o princípio, e ainda fazia isso. Ela também era corajosa e disposta a dizer a verdade para pessoas de poder, o que também fazia sentido: depois do que havia passado, nada no local de trabalho realmente a assustava. Ela era extremamente ambiciosa e constantemente ávida para provar a si mesma para os outros, talvez porque nunca tivesse recebido validação dos pais na infância. Quanto ao estilo de trabalho, era extremamente tática, responsável, estruturada e trabalhadora — hábitos que provavelmente adquiriu para se dar bem no ambiente exigente de um colégio interno.

Ouvir a história chocante de Sonia confirmou para mim o valor de entender o que move as pessoas. Na superfície, Sonia parecia comum, sem nada especial, embora fosse uma profissional de alta performance. Seus colegas de trabalho não faziam ideia do que havia acontecido com ela nem das formas complexas com que isso tinha moldado quem ela era, precisamente por Sonia ter se esforçado tanto para reprimir as terríveis experiências e escondê-las dos outros. Depois que descobri tudo isso, pude ajudar Frank e Sonia a ajustarem o comportamento para melhorar seu relacionamento. Como Frank, o empreendedor prototípico, tinha tendência a ser extremamente emocional e passional, e Sonia, o oposto, eles precisariam trabalhar para criar uma linguagem comum que incorporasse e respeitasse as sensibilidades dos dois. Sonia precisaria aprender a baixar um pouco a guarda e se expressar, articulando como estava se sentindo no momento. Frank teria de respeitar a autonomia de Sonia e entender a necessidade subliminar dela por justiça, sendo quase excessivamente equilibrado e transparente com ela. Uma análise posterior da personalidade de Frank revelaria ainda outras maneiras pelas quais ele poderia moldar seu comportamento para evitar conflito e criar confiança com Sonia.

Se Frank e Sonia tivessem começado a trabalhar juntos do jeito que a maioria das pessoas trabalha, estariam inconscientemente em rota de colisão de personalidades. Cada um deles teria abordado o relacionamento de maneira desajeitada, na melhor das hipóteses, ou destrutiva, na pior delas — não por terem a intenção de causar desconforto ou dano, mas porque não sabiam o que fazer.

Quão bem *você* realmente conhece seu chefe, seus colegas, seu cônjuge e outras pessoas importantes em sua vida? O quanto eles realmente conhecem você? As pessoas em sua vida estão escondendo partes de si mesmas porque são assustadoras ou dolorosas demais para trazer à superfície? Você aceitou seu próprio passado e como ele continua a moldar sua personalidade? Se você não parou para fazer uma análise de personalidade e suas implicações, as pessoas a sua volta provavelmente são mistérios para você, mesmo que acredite conhecê-las bem. Até você pode ser um mistério para si mesmo. Para o bem de seus relacionamentos, dedique-se a fazer mais perguntas. Erga a cabeça do celular (ou deste livro, por apenas um minuto) e olhe para as pessoas. Estude-as de verdade. Você tem muito a ganhar cultivando a perceptividade e permitindo que ela oriente suas ações, não apenas no início de relacionamentos ou em momentos de conflito, mas a qualquer hora.

PRINCIPAIS INSIGHTS

- O conhecimento da psicologia da personalidade pode ser usado não apenas para escolher parceiros, mas também para gerir relacionamentos profissionais e pessoais, de modo que comecem bem e permaneçam nos trilhos.
- Para gerenciar relacionamentos com pessoas a seu redor, crie um "manual" para cada uma delas, usando o Mapa da Personalidade e as técnicas descritas anteriormente neste livro para analisar sistematicamente quem são nossos parceiros de relacionamento e o que os move.
- Antes de tentar criar um manual para pessoas importantes em sua vida, tente criar um para você.

- Além de implementar manuais para melhorar seu relacionamento com os outros, também podemos usá-los para melhorar nossa liderança.
- A percepção sobre personalidade aliada a um mapa de parceria podem nos fornecer ferramentas poderosas de resolução de conflitos e de manutenção de relacionamentos saudáveis.

Capítulo 6

MELHORANDO A PERFORMANCE

Sua personalidade está ameaçando seu sucesso? Uma executiva que treinei em uma agência de marketing de alto nível, a qual vou chamar de Tanya, descobriu que esse era seu caso. O CEO da empresa a incumbira, junto a uma colega, "Samantha", de gerir uma unidade de negócios importante, dividindo a liderança. Embora as duas mulheres fossem inteligentes e ambiciosas, Samantha era particularmente exuberante, extrovertida e carismática. Ela tinha um MBA pela Stanford e fora uma estrela em ascensão na McKinsey antes de entrar na agência. Anteriormente, havia sido uma jogadora de tênis competitiva. Inteligente, envolvente e ambiciosa, Samantha ocupava o centro das atenções sem nem tentar.

Tanya era eloquente e simpática, porém mais calada e mais passiva que Samantha. Filha de pais coreanos carinhosos, ela tinha crescido em uma região boa de Londres, na Inglaterra. Ela tinha uma irmã mais velha que era uma bem-sucedida banqueira de investimentos. Durante sua formação, Tanya tinha sido uma aluna inteligente, mas obteve apenas um modesto sucesso acadêmico. Conforme me contou durante minha avaliação formal, na juventude, tinha a consciência de ser "mediana" em muitos aspectos, nunca se meteu em problemas, mas nunca se destacou acadêmica ou socialmente. Como resultado disso, sofreu com certa dose de ansiedade. Teve alguns amigos próximos ao crescer, mas não era convidada para as festas dos garotos populares e normalmente ficava em casa nos fins de semana. Seus pais a amavam e educavam, fazendo até demais para protegê-la das realidades do mundo.

Quando Tanya saiu de casa e foi para a universidade, ela começou a se sair melhor nos estudos, embora não conseguisse se livrar da ansiedade que sentia por se considerar mediana. Ela havia procurado aconselhamento sobre isso anos antes, o que evitou que ficasse debilitada, embora ainda parecesse que tudo permanecia à flor da pele.

Ao terminar a universidade, Tanya arranjou um emprego na agência. Trabalhando duro, descobriu que tinha jeito para marketing. Avançou constantemente na hierarquia e foi nomeada para seu atual cargo executivo três anos antes. Toda a sua carreira fora construída na empresa, seu primeiro e único emprego. Minha avaliação mostrou que ela era, na verdade, superinteligente e amava complexidade; ela via o mundo com muitas nuances, o que contrastava com o binário de Samantha. Tanya também tinha sensibilidade interpessoal e preocupava-se com o bem-estar dos outros. Ela tinha uma gentileza que às vezes era confundida com fraqueza. Na verdade, Tanya era astuta como todo mundo, motivada por dinheiro e pela satisfação de fechar negócios lucrativos. Ela simplesmente manobrava as pessoas e situações com mais sutileza — uma personalidade diferente. Apesar de sua ansiedade e de uma necessidade básica de agradar aos outros, era externamente calma e tranquila, e evitava confrontos em um ambiente que promovia a competitividade. Junto com isso, Tanya podia ser descrita como controlada. Para ela, o sucesso no trabalho era uma questão de motivação, liderança com empatia e execução. Ela sabia o que precisava ser feito e fazia.

Por causa de seu estilo reservado, Tanya percebeu que Samanta era quase sempre a voz mais alta na sala e ficava com a maior parte da atenção e do crédito, inclusive quando as ideias tinham sido de Tanya. Ela achava até que Samantha a estava sabotando e tentando tirá-la da jogada na esperança de superá-la aos olhos dos superiores. Com o tempo, esses sentimentos afetaram o relacionamento das duas.

Meu trabalho era ajudar Tanya a atravessar esse terreno difícil. Realmente interessada em melhorar, ela teria de enfrentar uma concorrente feroz que jogava para ganhar e a esfaqueava pelas costas no processo. Para organizar nosso trabalho em conjunto, identificamos dois objetivos. Primeiro, procuraríamos elevá-la como líder, identificando as lacunas em suas habilidades e lhe dando apoio. Segundo, navegaríamos pelo terreno acidentado de seu relacionamento com Samantha.

Nossa capacidade de atingir esses dois objetivos dependia de uma compreensão profunda da personalidade de Tanya. Embora seu temperamento discreto fosse agradável, ela precisava trabalhar para gerar mais impacto como líder, especialmente naquela agência. Ela poderia aprender a falar de forma mais assertiva, adotando um tom mais penetrante e confiante, às vezes interrompendo os outros quando a situação justificasse, sentando-se ereta na cadeira, desafiando-se a determinar as pautas com mais firmeza em vez deixar que outra pessoa fizesse isso. Tanya já tinha habilidades invejáveis como líder, a começar pela sua mente aguçada e estratégica. O elo perdido para ela era a habilidade de projetar autoridade executiva.

Por meio de muito treinamento executivo ao longo de um período de dois anos, Tanya alcançou maior domínio de seu impacto interpessoal. Ela passou a ter uma visão mais nítida dos comportamentos específicos que expressava naturalmente, os "sinais" sutis que levavam os outros a interpretarem-na de determinadas maneiras. Isso incluía tom e volume de voz, assim como postura pessoal, especialmente quando estava na presença de personalidades fortes. Quando uma pessoa ou adversário poderoso intervinha, ela tendia a se encolher fisicamente, ficando curvada, silenciosa, lenta e com tom de voz monótono.

Investigamos as origens desses comportamentos e o que eles significavam psicologicamente, lidando com os traços de personalidade envolvidos e descobrindo como Tanya podia usá-los para ter um impacto mais positivo. Fizemos com que ela experimentasse mudanças sutis e discretas em seu comportamento. Em uma reunião, ela falava mais alto e mais depressa e depois observava a reação das pessoas a sua volta. Em vez de oferecer uma resposta desconexa, estruturava melhor seus comentários, usando uma estratégia que chamo de "falar em três". Quando ela tinha um ponto de vista, fazia afirmações como "Eu tenho três reações a isso. Primeiro...", ou "Em minha opinião, temos três opções. Primeiro...". Essa estratégia permitiu que ela se mostrasse mais perspicaz, confiante e com mais autoridade.

Todo esse trabalho deu resultados. Com o tempo, Tanya ganhou domínio suficiente sobre como expressava sua personalidade para poder ajustar seus comportamentos dependendo das exigências da situação. Ela passou a lidar com Samantha com mais eficácia e, em geral, a se expressar como uma líder forte e de alta performance. Samantha acabou deixando a empresa, reconhecendo que não conseguia mais ofuscar Tanya. Enquanto isso, o valor de Tanya dentro da organização cresceu. O CEO elogiou publicamente seu excelente trabalho em diversas ocasiões, inclusive em reuniões do conselho sobre sucessão. Ela agora está em posição de ser uma executiva de alto nível em sua área.

Muitos livros de autoajuda sobre performance pessoal de grande sucesso se concentram em identificar comportamentos específicos que devemos adotar e transformar em hábitos. Por mais úteis que hábitos pessoais possam ser, eles não alcançam as causas subliminares do comportamento de liderança, nem revelam alavancas que possam levar à verdadeira mudança. Em função da personalidade, todo mundo tem pontos fortes e fracos importantes, qualidades que influenciam o potencial de sucesso. Nossa maior fraqueza pode parecer bem óbvia para nós mesmos, mas aspectos de nossa personalidade que consideramos fortes também podem, se levados ao extremo, prejudicar nossos esforços. É ótimo ser agradável com os outros, mas se formos demais, nos tornamos bajuladores, dizendo ou fazendo qualquer coisa só para agradar aos outros e fazer amigos. É bom ser apaixonado pelo que faz, mas se for apaixonado demais, o entusiasmo incontido pode nos tornar frustrados com facilidade, taciturnos e inclinados a desistir cedo demais de pessoas e projetos que nos decepcionam.

Para melhorar nosso comportamento, é importante entender o que está realmente por trás dele — as nuances de nossa personalidade, como ela se formou e como tendemos a expressar traços de personalidade específicos. É preciso mergulhar fundo e pensar em como nossas experiências anteriores de vida influenciam quem somos hoje. Do contrário, corremos o risco de adotar soluções que não funcionam e trabalhar duro para mudar comportamentos em curto prazo só para descobrir que, em momentos de estresse, nossas tendências nocivas voltam à tona.

Profissionais têm reconhecido cada vez mais a importância de mergulhar fundo ao tratar de problemas de saúde mental. Ao longo das últimas duas décadas, por conta dos planos de saúde, foram adotados tratamentos mais superficiais, como aconselhamento de curto prazo e tratamentos farmacológicos. Quando você vai a um clínico geral e reclama de ansiedade, é provável que ele receite alprazolan ou citalopram de imediato, e com sorte te encaminhe para um terapeuta. Esse terapeuta, assoberbado com uma longa lista de pacientes, sugere um plano de seis sessões de terapia cognitivo-comportamental (TCC). Em alguns casos, esse tratamento não funciona (desculpem, amigos da TCC!). Outros clínicos experientes sabem que, para tratar uma grande variedade de condições de saúde mental, é preciso explorar a gênese e a natureza subliminar da condição (alô, amigos terapeutas psicodinâmicos!). Entender a pessoa e não apenas seus sintomas leva a um tratamento real. Da mesma forma, treinamento de liderança sem um entendimento da pessoa como um todo, seus traços essenciais de personalidade, e como eles se tornaram realidade, é apenas um aconselhamento superficial que não vai levar a uma mudança de desempenho sustentável.

Mesmo com um entendimento mais profundo de nossa personalidade, não podemos esperar uma erradicação completa de nossos piores impulsos — afinal de contas, nosso caráter é estável e prioritariamente fixo. Mas podemos tomar atitudes para corrigir tendências inadequadas ou moderar seu impacto ao longo do tempo. A chave é tornar-se consciente dos próprios traços e do impacto deles, e então trabalhar deliberadamente, como Tanya fez, para enfraquecê-los e refiná-los. É preciso desenvolver uma perceptividade prática sobre nós mesmos, uma perceptividade focada especificamente em torno do crescimento pessoal e na melhoria de performance. Ao compreender mais profundamente como os aspectos de nossa personalidade nos atrapalham, podemos treinar para não voltar a padrões habituais, mesmo em momentos de estresse. E treinando outras pessoas a nossa volta a fazer o mesmo, podemos ajudá-las a se desenvolver e crescer também.

DESCOBRINDO ÁREAS COM POTENCIAL DE CRESCIMENTO

Como podemos identificar áreas da personalidade para trabalhar com o objetivo de melhorar nossa performance? É uma tarefa mais difícil do que pode parecer. *Coaches* de liderança e líderes de RH às vezes empregam traços de personalidade para identificar fatores individuais que prejudicam a performance. Um método popular, a abordagem CliftonStrengths, criada pela organização Gallup (antiga StrengthsFinder), avalia o grau de intensidade com que as pessoas apresentam certos talentos ou habilidades essenciais. A metodologia identifica 34 temas ou tipos relacionados a talentos — "Ativação", "Excelência", "Inclusão", "Organização", e assim por diante — e ajuda as pessoas a determinarem qual combinação de tipos as descreve melhor como indivíduos. Com essa análise personalizada em mãos, os indivíduos podem melhorar sua performance concentrando-se em suas áreas fortes. "A maioria das pessoas é ensinada a trabalhar suas fraquezas, para corrigi-las", afirma a Gallup. "Mas, em vez disso, deviam estar aprendendo como suas áreas mais fortes podem ofuscar as mais fracas... Você só pode alcançar os níveis mais altos de sucesso quando para de ser *um pouco bom em tudo* e em vez disso melhora aquilo em que você é *naturalmente melhor*".[1]

O CliftonStrengths tem um apelo óbvio. Se eu estivesse tentando melhorar, é mais reconfortante pensar em pontos fortes do que focar em minhas fraquezas. Infelizmente, o método não resiste a uma verificação científica rigorosa como medida válida de personalidade. Os "temas" que o CliftonStrengths afirma medir são basicamente constructos com base científica obscura e nenhuma correlação publicada com medições estabelecidas de personalidade. Não consegui encontrar estudos revisados por pares que confirmassem a validade ou valor previsível da avaliação do CliftonStrengths, tampouco parece haver qualquer evidência que ligue resultados do método a resultados profissionais, como ser um líder mais bem-sucedido ou alcançar mais sucesso financeiro.

Talvez o problema mais evidente com o CliftonStrengths seja sua premissa subliminar: que podemos melhorar nos concentrando apenas nos pontos fortes. Isso simplesmente não é verdade. Imagine que você seja um tenista destro, com um golpe de direita (*forehand*) decente e um de esquerda (*backhand*) fraco. Claro, você pode melhorar seu jogo trabalhando o *forehand*. Mas se ignorar o *backhand* ruim, ele vai continuar sendo seu ponto fraco evidente. Você nunca vai atingir todo o seu potencial. Pergunte a qualquer atleta profissional, e ele vai lhe dizer que está sempre trabalhando para aperfeiçoar suas deficiências. Para melhorar nossa performance no trabalho e na vida, devemos levar em conta a totalidade de quem somos, apoiando-nos em nossos pontos fortes, mas também identificando como e quais partes de nossa personalidade nos inibem e tomando atitudes para remediar isso.

Assim, além da avaliação geral qualitativa de personalidade que faço usando o Mapa da Personalidade, ajudo meus clientes a entenderem partes falhas e nocivas de sua personalidade usando o Inventário Hogan de Desafios, uma ferramenta quantitativa apoiada fortemente pela ciência. Elaborada pelo psicólogo Robert Hogan e amplamente utilizada nas empresas dos Estados Unidos, essa ferramenta mede "o lado sombrio da personalidade", dividido em onze padrões de comportamento interpessoal que se manifestam normalmente quando estamos sob pressão. Se não formos cuidadosos, esses "descarriladores", como Hogan os chama, "podem atrapalhar relacionamentos, prejudicar reputações e minimizar as chances de sucesso das pessoas".[2]

É interessante notar que Hogan tomou como ponto de partida os transtornos de personalidade que afetam clinicamente o funcionamento considerado "normal". Uma pessoa diagnosticada com transtorno de personalidade narcisista tem um sentimento inflado de si mesma e um desejo desproporcional de receber atenção e reconhecimento dos outros. As com transtorno antissocial se comportam de maneira insensível, tratando mal os outros, desrespeitando normas sociais e até infringindo as leis. Esses e outros transtornos semelhantes, que refletem diversas combinações de conjuntos de traços no Mapa da Personalidade, representam *extremos* de comportamento. No cotidiano, as pessoas podem exibir esses mesmos conjuntos de traços, embora em um nível subclínico, quando estão sob estresse. Por exemplo, podemos chamar a atenção para nós mesmos em situações que não servem a nossos objetivos, ou podemos responder de forma muito dura a nossos chefes ou colegas quando estamos estressados. Esses comportamentos motivados pela personalidade podem não chegar ao nível de uma psicopatologia, mas afetam a performance profissional. Se você ignorá-los e se concentrar apenas em seus pontos fortes, vai continuar a tropeçar ou deixar de progredir como líder. Compreenda e abrace suas fraquezas para funções de liderança, e você vai, sem sombra de dúvida, acelerar seu desenvolvimento.

Ninguém é perfeito. Todos temos aspectos produtivos em nossa personalidade e aqueles que prejudicam nosso sucesso. Veja o meu caso, por exemplo. Há muitos anos, descobri alguns descarriladores de personalidade com a ajuda de uma psicóloga clínica extraordinária chamada Esther Gelcer. Eu estava na faculdade na época e me esforçava para me manter motivado e organizado. A dra. Gelcer mergulhou na história de minha infância e na dinâmica de minha família, e fizemos alguns testes, incluindo avaliações cognitivas e de personalidade.

Com o tempo, um retrato mais claro de minha personalidade surgiu. Eu tive pontuação alta no teste de inteligência (ufa!) e era um pensador lateral e criativo por natureza. Eu amava grandes ideias e tinha habilidade natural para ver as coisas de um jeito diferente. Eu também era sociável, mas tinha inseguranças interpessoais. Embora adorasse estar com pessoas e elas me vissem como extrovertido, às vezes me sentia estranho e não pertencente ao grupo. Eu era bondoso e empático por natureza, motivado e ambicioso por fazer grandes coisas, e meu maior desejo era ter sucesso. Importante: eu não era muito diligente. Simplesmente não gostava de estruturas ou processos. Eu me atrasava para coisas e não conseguia respeitar nenhum horário. Eu tinha problemas para administrar meu dinheiro e pagar contas básicas. Ou seja, eu era indisciplinado (odiava isso em mim mesmo, mas era verdade).

Olhando para minha infância, pude ver que minha falta de disciplina me atrapalhou por muito tempo, impedindo que eu desse o melhor de mim. No segundo ciclo do ensino fundamental, eu me saí muito bem em algumas matérias e fui muito mal em outras. Minha professora de matemática disse a meus pais que eu acertava as questões mais difíceis e errava as fáceis. Frustrava uma professora de inglês por participar bem nas aulas, mas nunca fazer o dever de casa e sempre atrasar a entrega de trabalhos. Eu também era bagunceiro e nunca conseguia manter um fichário organizado. Era extremamente curioso e amava aprender, mas estava mais interessado em ideias, conceitos e enigmas que nos detalhes e na organização dessas ideias. No ensino médio, fui bem, mais por confiar na habilidade pura do que por esforço. Ganhei uma bolsa de estudos e fui para a faculdade cheio de confiança. O que eu não tinha antecipado era o impacto que a relativa falta de estrutura em um ambiente universitário teria sobre mim. Com tantas distrações e ninguém me dizendo o que fazer, minha dificuldade com organização e disciplina se tornou um grande problema.

Ao compreender minha disposição natural, pude fazer algo em relação a ela. Mudei de curso para um em que pudesse me sair bem, entendendo conceitos em vez de decorar detalhes ou tendo aulas de uma disciplina escolhida por outra pessoa e não por mim. Descobri que entendia psicologia naturalmente, era fácil para mim, e assim tirei notas ótimas. Em seguida, fiz mestrado em psicologia e depois encontrei um orientador de doutorado que me permitiu seguir as pesquisas de meu interesse em uma área nova que era diferente da dele. Mais uma vez, eu estava buscando ideias e criando em vez de me juntar à fórmula de sucesso de outra pessoa.

Depois de terminar o PhD e publicar algumas pesquisas inovadoras, consegui um emprego em uma empresa de grande porte com uma cultura tradicional. Não demorou muito até que eu me visse caindo em velhos padrões. Como funcionário, eu me esforçava para atender às demandas administrativas da empresa e chegar na hora para as reuniões. Enquanto os clientes gostavam muito de meu trabalho e queriam mais, eu odiava preencher formulários internos de cobrança e despesas, e gerentes de conta achavam minha falta de estrutura frustrante. Embora minha desorganização não estivesse tão ruim quanto já tinha sido, eu simplesmente não conseguia me livrar desse aspecto de minha personalidade.

Percebi que era hora de fazer mudanças maiores. Primeiro, deixei a empresa e abri meu próprio negócio. No fundo, sabia que seria um chefe melhor que um empregado. Se eu pudesse tomar iniciativas e criar, seria mais bem-sucedido. Segundo, desenvolvi sistemas para compensar minha falta de estrutura. Minha primeira contratação foi a dra. Katherine Alexander, que, além de ser excelente consultora, era muito mais estruturada e disciplinada que eu. Contratá-la foi uma das melhores decisões de negócios que já tomei. Dez anos depois, ela se tornou a vice-presidente sênior de operações de nossa empresa de consultoria em liderança, a Kilberry, que recentemente foi adquirida pela Russell Reynolds Associates. De muitas maneiras, Katherine foi a verdadeira razão do sucesso e da expansão da nossa firma.

Em certo momento, também compreendi que assistentes executivos eram como ouro. Minha assistente Kristen Scott me ajuda a estruturar minha agenda e olha minha caixa de entrada de e-mails para garantir que nada se perca. Embora hoje em dia eu continue a lutar contra a aversão inerente que tenho por estrutura e disciplina, isso não afeta meu sucesso. Eu me vi confiando demais em agendas (sim, devo muito ao calendário do Outlook) e levo uma vida muito mais disciplinada. Com a ajuda de pessoas e sistemas, realizei muitas coisas nos negócios e na vida pessoal. Acredito sinceramente que isso aconteceu porque passei a me conhecer bem, incluindo partes de minha personalidade que me atrapalhariam se não fossem contidas.

Nem todos têm tempo ou dinheiro para fazer testes formais, muito menos anos de trabalho com um terapeuta ou *coach*. Se esse for seu caso, você ainda pode começar a fazer progressos trabalhando com o modelo de Hogan de forma mais informal. A seguir, minhas interpretações de seus onze descarriladores. Ao se familiarizar com eles, ou, melhor ainda, ao avaliar a si mesmo pelo Inventário Hogan de Desafios, você pode identificar os mais pertinentes para você e agir para trabalhar neles.

OS ONZE DESCARRILADORES DE HOGAN

1. **Você é temperamental demais:** É bom ser passional e entusiasmado por objetivos mas, se você levar isso longe demais, pode ficar frustrado, mal-humorado, irritado e inclinado a logo desistir de projetos e pessoas que o decepcionam. Este descarrilador reflete traços capturados na caixa nº 2 do Mapa da Personalidade, Emocionalidade. É uma versão não clínica do que os psicólogos chamam de transtorno de personalidade histriônica e transtorno de personalidade limítrofe.

2. **Você é cético demais:** É bom estar alerta a sinais de comportamento falso nas outras pessoas e tomar uma atitude quando os detecta. Leve isso longe demais e você vai se tornar cético e desconfiado, com tendência a guardar rancor. No local de trabalho, pessoas céticas tendem a ficar na defensiva e serem muito críticas e preocupadas com políticas organizacionais. Esse fator reflete traços capturados na caixa nº 1 do Mapa da Personalidade, Intelecto, e é uma versão não clínica do transtorno de personalidade paranoica.

3. **Você é cauteloso demais:** Um pouco de aversão ao risco nos ajuda. Muita aversão, porém, nos paralisa por medo do fracasso. Críticas de outras pessoas nos aterrorizam e reagimos na defensiva ao recebê-las. Também nos comportamos de formas não assertivas, levando os outros a não nos verem ou nos ignorarem e darem crédito a outros. Considerando as ligações entre risco e motivação, podemos associar este fator com a caixa nº 4 do Mapa da Personalidade, Motivação, mas ele também tem impacto sobre elementos da tomada de decisões capturados na caixa nº 1, Intelecto. Nós podemos

pensar neste fator como uma versão não clínica de transtornos de personalidade esquiva e dependente.

4. **Você é reservado demais:** Pessoas excessivamente introvertidas frequentemente não prosperam em papéis de liderança ou outras situações sociais. Outros podem ver essas pessoas como afastadas e distantes, despreocupadas com os sentimentos dos outros. Levado ao extremo, esse padrão de comportamento se assemelha ao transtorno de personalidade esquiva. O padrão corresponde a traços descritos na caixa nº 3 do Mapa da Personalidade, Sociabilidade.

5. **Você é arrogante demais:** Tomar atitudes ousadas nos momentos apropriados pode ajudá-lo a prosperar na carreira. Pessoas ousadas demais se tornam demasiadamente confiantes e até arrogantes. Elas se apaixonam por si mesmas, acreditando que têm dons únicos e nasceram para a grandeza, e têm dificuldade para admitir seu erro ou aprender com a experiência. Se você já conheceu alguém com transtorno de personalidade narcisista, pode reconhecer esse comportamento. Ele cai sob a caixa nº 3 do Mapa da Personalidade, Sociabilidade.

6. **Você é ardiloso demais:** Assumir riscos e quebrar regras permitem fazer progresso na carreira, mas ter esse traço em excesso leva a comportamentos impulsivos, erráticos e irresponsáveis. Pacientes que sofrem de transtorno de personalidade borderline manifestam essa tendência a correr riscos, mas levada ao extremo. A caixa nº 5 do Mapa da Personalidade, Diligência, capta melhor os traços correspondentes a esse comportamento (pessoas que correm muitos riscos manifestam *falta* de diligência, organização ou retidão).

7. **Você é melodramático demais:** É agradável encontrar pessoas divertidas e gregárias no ambiente de trabalho. Levando isso longe demais, esses indivíduos podem ficar distraídos, exigindo novidades e estímulos constantes. Eles também dominam os holofotes, impedindo que outros a seu redor façam contribuições. Esse comportamento pode ser comparado ao transtorno de personalidade histriônica, no qual pacientes buscam atenção e expressam sua personalidade de formas excessivas ou extravagantes. Ele corresponde à caixa nº 3 do Mapa da Personalidade, Sociabilidade.

8. **Você é perfeccionista demais:** Para progredir, a capacidade de trabalhar de forma focada e disciplinada é vital — algo que localizamos na caixa nº 5 do Mapa da Personalidade, Diligência. Leve essa disciplina e esse foco longe demais e você se torna perfeccionista, inflexível, extremamente preocupado com os detalhes e duro demais com as pessoas que, em sua avaliação, não estão à altura. Ninguém gosta de um chefe ou sócio que determina padrões e objetivos extremos e que não consegue ver o todo. Podemos pensar nesse padrão de comportamento como relacionado, no extremo, ao transtorno de personalidade obsessivo-compulsiva.

9. **Você é obsequioso demais:** Pessoas leais e confiáveis são grandes colegas de equipe. Leve isso longe demais e você se torna um bajulador, dizendo ou fazendo qualquer coisa só para agradar aos outros e fazer amigos. A caixa nº 3 do Mapa da Personalidade, Sociabilidade, capta esse tipo de comportamento. Expressões clínicas extremas desse padrão podem compor o transtorno de personalidade dependente, no qual pacientes experimentam falta de autoconfiança e se sentem excessivamente dependentes dos outros.

10. **Você é imaginativo demais:** As pessoas engraçadas, criativas e imaginativas nos ajudam a inovar. Ao extremo, a imaginação pode fazer com que pessoas se tornem excessivamente excêntricas, autoabsortas, estranhas e sem habilidades sociais. Elas são capazes de ver o que outros não veem, mas não perdem tempo para editar seu pensamento para que os outros possam entendê-lo e aceitá-lo. Esse padrão comportamental cai na caixa nº 3 do Mapa da Personalidade, Sociabilidade. Ele está relacionado ao transtorno de personalidade esquizotípica, no qual os pacientes pensam e se comportam de forma excêntrica.

11. **Você é passivo resistente demais:** É ótimo pensar por si mesmo e não ligar muito para como os outros veem você. Entretanto, em alguns casos, pessoas independentes executam tarefas do jeito que querem enquanto dão aos outros a impressão de estarem respeitando seus desejos. Esse padrão de comportamento, quando levado ao extremo, pode se revelar clinicamente como transtorno de personalidade antissocial. Ele envolve um conjunto de traços associados com a caixa nº 3 do Mapa da Personalidade, Sociabilidade.

Qualquer um que já tenha trabalhado em uma organização vai reconhecer um ou mais desses descarriladores. Todos conhecemos bajuladores, perfeccionistas, palhaços, caçadores de riscos, esquisitões e outros que se comportam de maneiras difíceis. Sabemos como essas pessoas podem ser irritantes e o quanto podem atrapalhar nosso trabalho. Ao mesmo tempo, provavelmente somos muito menos atentos a como podemos mostrar alguns desses padrões de comportamento. Se estamos com problemas de performance e não sabemos por que, um desses descarriladores pode ser o responsável. E se já temos uma boa performance, mas queremos alcançar ainda mais sucesso, avaliar nosso comportamento com os descarriladores de Hogan em mente pode nos ajudar a identificar novas oportunidades de crescimento e desenvolvimento.

DE LÍDER EM VENDAS DE SUCESSO A EXECUTIVO ESPORTIVO GLOBAL

Para ilustrar como o autoconhecimento pode nos ajudar a melhorar a performance, gostaria de falar sobre a maior história de mentoria de sucesso que já tive. Dave Hopkinson cresceu em uma família de classe média de Toronto. Embora fosse brilhante e tivesse estudado em uma ótima faculdade, ele estava um tanto inseguro sobre o que desejava fazer na vida, como eu. Reconhecendo que era bom com pessoas e que gostava de interagir com elas, decidiu se dedicar às vendas. Seu primeiro emprego — vender ingressos para o time de futebol canadense americano local, o Toronto Argonauts (conhecido mais carinhosamente como "Argos") — era brutal. Embora o futebol americano tivesse fãs em outros lugares do país, não eram muitos em Toronto. Para a maioria dos torontenses, os Argos eram o equivalente aos times colegiais dos Estados Unidos — ou seja, nada fora do comum. Eu não sei como Dave conseguiu, mas ele vendeu muitos ingressos dos Argos durante seus primeiros dias com eles.

Posteriormente, quando a empresa dona dos Argos e do time de hóquei Toronto Maple Leafs, infinitamente mais popular, comprou uma franquia de expansão da NBA, os Toronto Raptors, Dave foi incumbido da venda de ingressos. Mais uma vez, ele teve grande sucesso. Durante um período de vinte anos ele subiu nas fileiras da empresa-mãe dos Raptors, a Maple Leaf Sports & Entertainment, tornando-se muito conhecido na organização pelo apelido carinhoso de "Hoppy". Em 2012, quando conheci Hoppy, ele tinha se estabelecido como um líder de grande sucesso, supervisionando toda a venda de ingressos e parcerias de marketing — o motor de fazer dinheiro de qualquer organização esportiva — para o crescente portfólio de times da empresa.

Como percebi imediatamente, Hoppy era um mestre em vendas — o melhor que eu já vi. Além de ter um incrível jogo de cintura, ele era também altamente sociável, entusiasta, enérgico e comprometido. Hoppy era extremamente ambicioso, trabalhador e determinado, além de incrivelmente curioso e ávido por novidades. Todos a seu redor o consideravam um líder forte e carismático. Ele era um cara ótimo, carinhoso e compassivo, uma pessoa com quem era fácil fazer amizade ou seguir. Sua habilidade para ler pessoas era inacreditável. Ao mesmo tempo, como qualquer um, ele ainda tinha espaço para crescer na carreira. Para isso ele precisaria cultivar mais paciência executiva, desenvolver uma perspectiva de CEO e uma disciplina estratégica para acompanhar suas habilidades inigualáveis relacionadas a pessoas em vendas, marketing e em liderança. Se ele fizesse isso, não haveria limite para sua ascensão no setor.

Eu fiquei tão impressionado com os talentos e com o potencial de crescimento de Hoppy que fiz uma coisa que nunca tinha feito antes e nunca mais fiz: eu o convidei para almoçar e perguntei se ele estaria interessado que eu fosse seu mentor, para que ele pudesse chegar ao próximo nível de sucesso em liderança. Hoppy aceitou minha proposta e começamos a trabalhar juntos. Eu conduzi uma avaliação formal, incluindo tanto uma longa entrevista quanto um Inventário Hogan de Desafios. Minha avaliação mostrou que ele tinha pontos fortes extraordinários, com capacidades de liderança raras. Entretanto, como todos nós, ele ainda tinha aspectos a desenvolver. A avaliação confirmou o que eu sentia sobre as principais áreas de crescimento de Hoppy. Ele era muito ardiloso, como Hogan definiu — um pouco apaixonado demais pelo que estava fazendo, a ponto de, de vez em quando, se deixar ser tomado pelas emoções. Ele podia ser *melodramático demais*, atraindo inadvertidamente atenção demais para si mesmo. De um jeito parecido, seu charme agressivo e cheio de energia fazia dele um líder de vendas fantástico, mas impedia que as pessoas o vissem como um líder estratégico mais amplo.

Hoppy precisava reconhecer que certos aspectos de sua personalidade que antes tinham sido úteis a ele provavelmente o atrapalhariam enquanto avançasse. Sua personalidade espontânea funcionava bem quando ele pensava como líder de vendas e marketing, mas agora ele precisava exercitar novos músculos de liderança. Muitas organizações gostam de certa dose de estabilidade e previsibilidade e, como líder sênior, ele teria de fornecer isso, inclusive tomando decisões de forma mais lenta e deliberada. Para conquistar seguidores como CEO, ele precisaria se comunicar de modo mais controlado. A ideia não era conter sua paixão pelo negócio, mas canalizá-la para atingir seus objetivos.

Durante os anos seguintes, Hoppy e eu trabalhamos nessas áreas. Nós dois sabíamos, é claro, que ele nunca mudaria sua personalidade. Nem deveria. Até certo ponto, ele sempre assumiria riscos com estratégia, seria um líder carismático que obtinha resultados por meio de pura determinação, paixão e conhecimento extraordinário da indústria do esporte. Ao experimentar comportamentos específicos, observando conscientemente as reações dos outros e então desenvolvendo novos hábitos em torno dos comportamentos que tiveram impacto, ele podia chegar a postos ainda mais altos de liderança.

Para se sair bem como um líder sênior, Hoppy precisava parecer mais contido — uma característica de liderança que, de um jeito sutil e com o passar do tempo, também o deixaria inclinado a desacelerar o pensamento e abraçar um processo de tomada de decisão mais disciplinado.

Para completar sua perspectiva de CEO, ele precisava ganhar mais fluência no lado operacional do negócio e se comunicar de um jeito que o conselho diretor gostasse de ouvir. Por fim, acrescentar sistemas de gestão mais previsíveis permitiria que ele realmente escalasse sua liderança.

Os esforços de Hoppy para melhorar seu jogo impulsionaram seu crescimento. Outros a seu redor começaram a percebê-lo como um líder experiente, alguém que não era apenas afável, mas que tinha mentalidade operacional e era um tomador de decisões estratégico e ponderado. Em pouco tempo, ele foi catapultado para níveis mais altos de sucesso. Em 2017, ele projetou um acordo no qual a Maple Leaf Sports & Entertainment vendeu os *naming rights* da principal arena esportiva do Canadá por 800 milhões de dólares, na época o maior acordo desse tipo.[3] No ano seguinte, ele saiu da MLSE para se tornar o diretor global de parcerias do lendário clube de futebol Real Madrid, uma posição que daria a ele maior visibilidade na indústria e uma perspectiva global. Em 2020, ele deixou o cargo para trabalhar como presidente e depois diretor de operações do Madison Square Garden Sports em Nova York, empresa-mãe dos New York Knicks da NBA e dos New York Rangers da NHL. Esse é um dos cargos de liderança mais importantes na indústria do esporte, e Hoppy o merece. Ele é uma pessoa e um líder extraordinário, amado por muitos. Se você me perguntar, seu apetite insaciável por aprender, unido a uma compreensão profunda de si mesmo e dos outros, é a verdadeira razão de seu sucesso. Sim, ele é um negociador brilhante e um líder inspirador, mas sua perceptividade e capacidade de utilizar insights sobre personalidades o distinguem do restante das pessoas de seu campo.

INUTILIZANDO SEUS DESCARRILADORES

Usando a história de Hoppy como inspiração, vamos voltar à lista de Hogan de onze descarriladores. Algum deles chama sua atenção como uma descrição correta de você mesmo em seus piores dias? Olhe para sua infância e sua carreira e pense em seus dois ou três maiores fracassos. Como esses fatores contribuíram? Se possível, mostre a lista dos descarriladores de Hogan a pessoas próximas a você e peça um feedback sobre seu comportamento. O que elas percebem como as maiores barreiras comportamentais para seu sucesso? Elas podem descrever casos específicos em que alguns desses padrões comportamentais emergiram com mais força? Como exatamente esses padrões estão afetando sua performance e inibindo seu sucesso?

O objetivo aqui é ver além de seus pontos cegos habituais, melhorando sua perceptividade aplicada a *você*. Enquanto pensa de maneira crítica sobre seu comportamento e solicita feedback dos outros, gaste algum tempo se observando ao longo do dia. Observe comportamentos grandes e pequenos que parecem se enquadrar em um dos onze descarriladores. Note como os outros reagem quando você demonstra esses comportamentos. Preste muita atenção a seu comportamento em situações em que estiver sob estresse, cansaço, com fome ou quando não estiver se sentindo muito bem. O que você tende a fazer que afasta os outros e torna mais difícil trabalhar com você? Como sua própria tomada de decisão é prejudicada nessas situações?

Uma vez que você focar nos seus descarriladores, vincule sua análise a uma consciência mais geral de sua personalidade e suas origens como descritas antes neste livro. Se você acha que é muito ardiloso ou cético, como surgiram esses padrões? Que experiências formativas ou pessoas em sua vida contribuíram para eles? Como esses padrões ajudaram a forjar seu senso de identidade e levaram às várias escolhas que você fez ao longo do caminho? Como esses e outros padrões se cruzaram entre si para moldar suas experiências e tornar você quem é? Como eles se manifestaram nos primeiros anos de sua vida? Eles sempre atrapalharam seu progresso, ou eram relativamente inofensivos ou até mesmo úteis durante sua infância ou início de sua carreira? Se atrapalharam sua carreira, como seu contexto atual ou seus objetivos tornaram esses padrões mais prejudiciais do que eram antes?

Quando sentir que obteve insights significativos sobre seus descarriladores, escolha dois ou três deles para trabalhar. Para cada um, liste os comportamentos específicos que você acha que estão causando mais prejuízo a você. Suponha que você chegue à conclusão de que é perfeccionista demais — suas tendências meticulosas arraigadas o estão detendo. Depois de refletir sobre seu comportamento e de ouvir a opinião dos outros, você pode incluir em sua lista comportamentos como "Sou exigente ou julgo demais em feedbacks regulares de performance à equipe"; "Eu microgerencio excessivamente". "Eu me estresso demais quando preciso fazer apresentações e reviso meu discurso sem parar porque quero fazer tudo certo"; e "Estou me esforçando muito, perdendo tempo corrigindo até o menor dos problemas". Ou talvez você percebaque é reservado demais. Ao listar comportamentos específicos que o atrapalham, você pode incluir os seguintes: "Normalmente evito falar em nossas reuniões semanais de acompanhamento"; "Mantenho a câmera desligada em videochamadas"; "Começo conversas sem preâmbulos ou sem perguntar como as pessoas estão", ou "Não cumprimento as pessoas que passam por mim no corredor a menos que elas me cumprimentem primeiro".

Depois de listar esses comportamentos, considere os experimentos que você pode tentar para suavizar ou moderar aspectos problemáticos de sua personalidade. Por exemplo, se você está querendo se afastar do comportamento perfeccionista, você pode se opor à tendência de microgerenciar, decidindo não oferecer conselhos a seus colegas de equipe por uma semana e, em vez disso, perguntando como *eles* acham que podem resolver o problema. Para não se estressar demais em busca de uma apresentação perfeita, você pode decidir que não vai escrever suas observações palavra por palavra, em vez disso, vai tentar apenas rascunhá-lo e improvisar um pouco.

A **Figura 5** a seguir traz alguns exemplos de comportamentos que você pode adotar para remediar cada um dos onze descarriladores do Inventário Hogan de Desafios. Eu os apresento aqui para despertar seu pensamento criativo. Você pode achar melhor experimentar outros comportamentos, considerando os aspectos específicos de sua personalidade, seu comportamento inadequado e o contexto social em que opera. Se tiver dificuldade para descobrir experimentos comportamentais promissores, pense nas pessoas em sua vida que *não* têm dificuldade com esses descarriladores em particular — aquelas que na verdade são fortes nessas áreas. Que comportamentos elas adotam que parecem eficazes? Pegue emprestado alguns deles e os experimente.

Descarrilador	Alguns comportamentos em potencial para tentar
"Sou ardiloso demais..."	• Ande mais devagar. • Inclua pausas deliberadas quando falar. • Fale com mais delicadeza e tente tirar um pouco da emoção de seu discurso. • Evite gesticular ao falar.
"Sou cético demais..."	• Evite fazer perguntas capciosas em reuniões. • Contenha-se, mesmo que perceba falhas no que os outros estão dizendo. • Quando colegas começarem a fofocar sobre os outros, afaste-se. • Concentre-se nos aspectos positivos. Nem todo mundo está tentando te prejudicar ou está mentindo para você porque quer alguma coisa. Aceite a autenticidade dos outros acreditando em suas intenções positivas.
"Sou cauteloso demais..."	• Desafie-se a correr um risco todo dia, pequeno ou grande, mesmo que seja experimentar um prato novo, usar uma roupa diferente ou fazer outro caminho para o trabalho. • Quando outros propuserem ideias, não as descarte de imediato por considerá-las arriscadas demais. Em vez disso, peça esclarecimento sobre por que as ideias podem fazer sentido.
"Sou reservado demais..."	• Desafie-se a começar pelo menos uma conversa por dia, fazendo perguntas iniciais e de aprofundamento. • Inicie toda semana um compromisso social com pelo menos um colega ou amigo. • Desafie-se a ser a primeira pessoa a falar na próxima reunião de equipe.
"Sou melodramático demais..."	• Quando você discordar ou entrar em conflito com outras pessoas, tire dez minutos para pensar na situação pelo ponto de vista delas. • Se está liderando uma equipe, resista à vontade de impor diretivas. Em vez disso, torne a tomada de decisão mais colaborativa, perguntando aos outros sobre suas ideias. • Toda semana, tire um tempo para pensar nos erros que cometeu e como pode aprender com eles. Peça às pessoas opiniões sobre como você poderia ter lidado melhor com certas situações.
"Sou temperamental demais..."	• Na próxima vez que você quebrar uma regra no trabalho, admita sua transgressão abertamente e assuma a responsabilidade. • Se estiver tentado a reagir imediatamente a algo perturbador que tenha acontecido, espere uma hora antes de fazer qualquer coisa (por exemplo, enviar um e-mail ou dar um telefonema).

MELHORANDO A PERFORMANCE | 203

Descarrilador	Alguns comportamentos em potencial para tentar
"Sou arrogante demais..."	• Em reuniões de equipe, tenha como prática permanecer em silêncio até os outros terem tido oportunidade de falar. • Ao se juntar a outras pessoas em uma tarefa, peça a elas que assumam a liderança. • Procure oportunidades todo dia para elogiar alguém ou lhe dar crédito.
"Sou perfeccionista demais..."	• Experimente padrões de "bom". Nada é perfeito: a chave é reconhecer quando algo está bom o bastante e seguir em frente. • Identifique suas cinco prioridades de trabalho para os próximos seis meses. Evite perder tempo com tarefas que não avancem nessas prioridades. • Delegue. Pense em cinco tarefas que você poderia atribuir a outra pessoa.
"Sou obsequioso demais..."	• Levante a mão e fale pelo menos uma vez por dia quando discordar de algo. • Desafie-se a fazer mais perguntas críticas em reuniões. • Faça pequenas mudanças para "ser você mesmo" no trabalho — por exemplo, usar uma roupa menos contida ou mencionar partes de sua vida que você evitaria discutir.
"Sou imaginativo demais..."	• Diminua a velocidade da sua fala, prestando atenção às reações das outras pessoas. • Ao expor seus pensamentos, faça pausas e pergunte aos outros se eles ainda estão prestando atenção ou se têm alguma pergunta. • Antes de enviar mensagens de texto ou e-mails importantes, espere uma hora. Releia sua mensagem, pensando em maneiras de torná-la mais atraente para o interlocutor, levando em conta as necessidades dele.
"Sou passivo resistente..."	• Evite ressentimentos ou rivalidades ocultas. Se tiver algum problema com uma pessoa, diga isso a ela diretamente. • Depois de fechar um plano de ação com seu chefe, consulte-o antes de se desviar significativamente do plano. • Ao oferecer feedback, evite a abordagem "sanduíche", na qual você faz elogios antes e depois de fazer uma observação crítica. Apenas diga à pessoa o que você observou e o impacto que isso teve. Seja direto e objetivo.

Figura 5. Fatores de Comportamento descarrilador

Mudar comportamentos e melhorar a performance orientados pela personalidade é um processo repetitivo e gradual. Não hesite em descartar comportamentos que não pareçam certos ou que não apresentem o impacto desejado. Quando comportamentos parecem funcionar, continue a fazê-los e procure maneiras de aperfeiçoar essas tendências. Se você não estiver trabalhando com um mentor, veja se consegue pelo menos envolver colegas, chefes ou outras pessoas. Quando experimentar novos comportamentos, converse com os outros para ver se perceberam alguma diferença e, caso sim, qual foi o impacto gerado. Use o feedback para adaptar seus experimentos comportamentais ou se livrar deles se não estiverem funcionando. Verifique se consegue conversar mensal ou quinzenalmente com outras pessoas para coletar impressões gerais de seu progresso. Você está dando passos significativos? Que conselhos elas têm para que você continue melhorando?

MOSTRANDO O ESPELHO

Quando me torno mentor de meus clientes, geralmente os alerto a esperar de minha parte insights profundos e puxões de orelha que combinam afeto com disciplina. Muitas vezes mentores não conseguem ajudar seus clientes porque não têm contexto da vida deles e não os pressionam o suficiente. Procurando ser conselheiros de apoio, se tornam basicamente amigos pagos, oferecendo pouca coisa além de feedbacks reconfortantes e um ouvido compreensivo. Embora um amigo remunerado possa ajudar clientes a lidar com crises e a fazer mudanças de curto prazo, alcançar uma transformação mais profunda e duradoura exige o cultivo de uma consciência da personalidade com um olhar específico sobre como ela nos atrapalha. Como dito neste capítulo, não basta entender o que podemos fazer de diferente em situações específicas. Precisamos entender nossos *padrões* habituais de comportamento e suas origens, como eles se conectam com outros temas em nossas vidas e como atrapalham nossos esforços. Meu trabalho como mentor é segurar um espelho para meus clientes, mostrando a eles a verdade nua e crua e às vezes desagradável sobre seus padrões, para que possam aceitá-los e consigam trabalhar com eles. Você pode mostrar esse espelho para si mesmo. Nem sempre é fácil, mas lembre-se de que todo mundo tem lados sombrios da personalidade. Ao reconhecer seus padrões de comportamento menos lisonjeiros e refletir sobre como eles passaram a defini-lo, você pode desarmá-los, impedindo que determinem seu destino.

Descobrir a causa raiz em vez de insights superficiais sobre nossos descarriladores nos permite crescer de verdade. Constatar aspectos difíceis de nossa história pessoal e como eles afetam nossa personalidade pode às vezes parecer assustador ou esmagador. No entanto, inevitavelmente isso pode nos tornar seres humanos mais maduros, integrados e autênticos.

Chandra, vice-presidente sênior de uma grande empresa de comunicação, estava no caminho certo para o sucesso. Depois de impressionar os chefes com seu compromisso, trabalho árduo, habilidades administrativas e capacidade de execução, ela parecia pronta para galgar uma posição de liderança sênior. Havia apenas um problema: ela não tinha forte presença executiva. Conforme os líderes seniores em sua equipe me disseram, ela parecia muito mais confortável trabalhando com membros mais jovens da equipe do que com os chefes. Em reuniões importantes com os seniores, ela ficava emocionalmente reativa e se irritava com facilidade. Chandra tinha dificuldades para se expressar, soando prolixa e sem foco. Ela não parecia confortável na construção de relacionamento com líderes, e com frequência perdia oportunidades de socializar com eles e conhecê-los melhor.

Por anos, Chandra lidou com esse feedback concentrando-se em se empoderar como líder e mulher. Alguém tinha recomendado o livro *Faça acontecer*, de Sheryl Sandberg, e ela fez o possível para internalizar suas lições, projetando mais confiança e autoridade no trabalho. Tudo o que tinha de fazer, pensava ela, era de algum modo ser mais assertiva e assumir o controle. No entanto, algo ainda não estava funcionando. As pessoas em seu entorno ainda eram creditadas por seu trabalho e se saíam melhor do que ela em reuniões de gestores. O problema era que Chandra não tinha desenvolvido compreensão suficiente de si. Uma coisa era entender intelectualmente a importância de fazer acontecer e projetar confiança, mas ela ainda não havia investigado as barreiras psicológicas específicas que enfrentava ao tentar fazer isso. Ela não conseguia entender *na prática* o que fazer acontecer significaria para ela e para sua vida.

Quando trabalhei com Chandra e a ajudei a desvendar aspectos de sua personalidade que a estavam atrapalhando, logo surgiram insights importantes. Ela não se comportava como uma líder sênior porque *não se enxergava* como tal, e não por falta de habilidades ou por seu temperamento. E a razão disso não estava relacionada apenas às suas experiências como mulher no ambiente de trabalho, mas à sua criação. Chandra tinha crescido em um lar modesto. As pessoas em sua família não eram líderes de sucesso; elas costumavam ser medianas em termos de habilidades e performance educacional. Essa foi a mensagem que Chandra recebeu em casa: não há problema em ser mediano, alguém que não se destaque na multidão.

Quando foi para a escola, Chandra não tentou estar entre os melhores. Embora fosse brilhante, se contentava em tirar notas decentes e não chamar atenção para si mesma por sua excelência como estudante. Ela não se sentia confortável em ser "diferente", mesmo que essa diferença fosse positiva. Sua altura, que superava a de outros colegas, não ajudava. Ela aprendeu a se encolher, numa tentativa de se misturar à multidão. Com o passar do tempo, Chandra internalizou as mensagens de sua família, acreditando que ela não era nada especial como pessoa, além de incapaz de algum dia alcançar a excelência.

A percepção que tinha de si mesma persistiu até a vida adulta e continuava a se mostrar em seu comportamento no emprego. Durante uma de nossas conversas, ela observou que muitos líderes em sua empresa tinham carros de luxo no estacionamento da firma. Mas ela não se via como "uma pessoa de carro de luxo". Embora pudesse gostar do conforto desse tipo de carro, ela ficava satisfeita em dirigir algo bem mais comum. Na verdade, ela não sentia que *merecia* dirigir um carro de luxo. Ela não era tão especial assim, pensava, e não devia se permitir projetar uma imagem de elite. Não era de se surpreender que ela ficasse irritada ao interagir com líderes seniores e tivesse problemas em ser ela mesma.

Chandra embarcou em diversos experimentos comportamentais, sendo o mais notável a compra de um carro de luxo (ela tinha dinheiro para isso, então não foi um exagero). A experiência de entrar no carro e dirigi-lo se revelou fundamental para ajudá-la a mudar a imagem que tinha de si mesma. Pela primeira vez na vida, ela começou a se ver como uma verdadeira executiva — alguém que merecia ser uma executiva.

Pouco tempo depois, o comportamento de Chandra no trabalho começou a mudar. Ela ficou menos hesitante e mais assertiva. Sentiu-se mais autoconfiante ao lidar com líderes seniores e conseguia se expressar com mais clareza em torno deles. Não foi apenas o carro que fez a diferença. Foi assumir sua posição como figura de autoridade. Chandra já exercia poder dentro da organização, só não se sentia confortável com isso por causa do que tinha ouvido na juventude. O carro serviu como uma metáfora de suas conquistas e de sua posição de autoridade, e ela precisava ter ambas para realmente se elevar. Com o tempo, a executiva se acostumou com a ideia de ter um bom carro (um Mercedes maravilhoso que ela mantém imaculado) e, mais significativamente, passou a se sentir tão importante quanto os colegas.

Foi uma verdadeira epifania para Chandra assumir que sua percepção de si mesma servia para consolidar seus padrões prejudiciais. Ela nunca ligara aqueles pontos em sua vida antes. Sem perceber, ainda estava operando sob suposições da infância sobre si, sobre o mundo. Agora que era adulta, ela podia optar por desafiar essas suposições e modificar os padrões de comportamento que elas reforçavam. É assim que o verdadeiro desenvolvimento acontece.

Talvez não possamos mudar nossa personalidade, mas com certeza podemos aprender a entendê-la melhor. E essa consciência ampliada — essa perceptividade — é tudo. Se você observar atentamente os padrões de comportamento que te atrapalham e analisar de onde eles vieram, poderá aprender estratégias para controlar e transcender esses padrões, mesmo se estiver sob estresse. De forma mais primordial, você pode aprender a se sentir mais confortável e autêntico consigo mesmo, pode assumir suas limitações da mesma forma que domina os pontos fortes e pode se transformar com confiança — ao mesmo tempo que se conecta de forma ainda mais profunda com a pessoa que sempre foi.

PRINCIPAIS INSIGHTS

- Para melhorar a performance, não basta identificar comportamentos específicos a serem adotados, é preciso entender como partes de nossa personalidade estão prejudicando nosso sucesso.
- Embora não possamos mudar nossa personalidade profundamente, podemos adotar estratégias para moderar ou compensar as partes prejudiciais dela.
- Para descobrir áreas de crescimento em potencial, não podemos apenas procurar nossos pontos fortes. Também precisamos identificar os lados mais fracos de nossa personalidade.
- Trabalhando com os onze descarriladores de Hogan, é possível reconhecer padrões comportamentais que talvez estejam impedindo nosso avanço.
- O autoconhecimento aprimorado pode ajudar nossa performance — e enriquecer nossa vida.

Capítulo 7

INFLUENCIANDO OS OUTROS

A caminho do mercado, você reduz a velocidade em uma placa de Pare e sinaliza que vai virar à direita. Olhando para garantir que não está vindo ninguém da esquerda, você faz a curva. Nesse momento, ouve pneus cantando, vê uma mancha em sua visão periférica e, enquanto está pisando no freio, sente algo batendo no farol dianteiro esquerdo. O impacto, que lança seu carro mais de um metro para o lado, o abala, mas você não se fere. Depois de respirar fundo algumas vezes, encosta no meio-fio e desce do veículo para inspecionar os danos. O motorista do outro carro, um homem de 30 e poucos anos, para o carro dele na frente do seu e também desce. Ele parece bem, mas o carro está bastante danificado. Você percebe que também há danos significativos em seu veículo.

À medida que o choque passa, você tem certeza de que o outro motorista avançou no sinal de Pare e foi o culpado. Olhando em sua direção, você se pergunta como deve prosseguir. Pedir o contato dele, mas, fora isso, permanecer quieto e distante? Assumir uma postura agressiva, comunicando em termos precisos que você o considera culpado e exigir seu contato? Tentar resolver o problema com ele de um jeito prático, chegando a um consenso sobre o que aconteceu e como proceder? Agir de forma amistosa e fazer piadas sobre a situação? Você verifica se o outro motorista está ferido, e chama ajuda caso ele esteja. Também se assegura de que tem todos os documentos necessários caso a culpa seja dele. E você está em alerta, já que desconhece o estado mental do outro motorista e não sabe se o acidente vai disparar um acesso de fúria.

Os capítulos anteriores aplicaram perceptividade às tarefas de selecionar pessoas, gerir relacionamentos e melhorar a performance, mas você também pode usar insights momentâneos sobre personalidade para influenciar outras pessoas de forma favorável, para que se comportem como você deseja. Em situações de alta pressão, mesmo dados limitados sobre os outros e sua personalidade podem dar a você uma boa vantagem.

Pense em como negociadores de reféns lidam com o trabalho. Décadas de pesquisa em psicologia forense revelam que criminosos têm grande prevalência de transtorno de personalidade antissocial — são descritos como "extremamente egoístas, insensíveis, irresponsáveis, impulsivos e incapazes de sentir culpa ou aprender com experiências e punição".[1] Com esse conhecimento, os negociadores podem se abster de fazer qualquer coisa que desafie o ego do criminoso, pois isso provavelmente vai agravar a situação. Eles podem evitar transparecer insegurança, pois indivíduos com personalidade antissocial vão identificar onde podem se aproveitar e tentar manipular a situação a seu favor.

Negociadores experientes também sabem que não devem esperar que criminosos antissociais desenvolvam empatia ou vínculo emocional com os reféns; portanto, atrasar ou apenas deixar o tempo passar não é benéfico. Além disso, personalidades antissociais têm pouca ansiedade subjacente e, de modo geral, são muito calculistas; tendem a não agir de forma impulsiva nem por pânico. Como hipótese provisória, negociadores podem se sentir livres para assumir postura firme e construir um relacionamento pautado pelo ego com os criminosos.[2] De toda forma, um perfil aproximado do infrator é útil para a polícia como ponto de partida. Conforme as negociações avançam, eles podem ajustar seu conhecimento sobre o criminoso e fazer ajustes, levando, com sorte, a uma solução pacífica.

De forma semelhante, líderes governamentais obtêm vantagens ao entender as personalidades de colegas estrangeiros. Por décadas, o Centro para a Análise da Personalidade e do Comportamento Político, grupo da Agência Central de Inteligência dos Estados Unidos (CIA, em inglês), traçou o perfil da personalidade de vários líderes mundiais, inclusive de ditadores como Saddam Hussein e Kim Jong-il, fornecendo insights básicos que poderiam ser usados em prol da diplomacia dos EUA.[3] Um dos usos mais importantes de insights sobre personalidade em assuntos internacionais ocorreu durante as negociações de Camp David em 1978 entre Israel e Egito, organizadas por Jimmy Carter, presidente dos EUA à época. Antes da reunião de cúpula, Carter encarregou a CIA de ajudá-lo a entender a personalidade das duas partes primordiais da negociação, o israelense Menachem Begin e o egípcio Anwar al-Sadat.

Segundo os analistas da CIA, Sadat era um narcisista dedicado a criar um legado para si mesmo. Ele estava relativamente desinteressado nos detalhes da negociação e queria, acima de tudo, fazer barulho no cenário mundial ao chegar a um acordo. Begin, em contrapartida, estava obcecado pelos detalhes, desconfiado dos motivos do outro lado.

Com base nesse insight, a CIA desenvolveu uma estratégia e táticas que Carter podia usar para conduzir as conversas em uma direção construtiva. Ele acabou convencendo Begin a deixar os detalhes para os subordinados e se juntar a Sadat para se concentrar em questões maiores. As discussões resultantes levaram a um grande avanço e a uma paz duradoura entre Israel e o Egito.[4] Depois desse evento, tornou-se rotina para a CIA preparar perfis como esse para líderes estadunidenses antes de reuniões importantes.[5] Outros governos também analisam líderes políticos dos EUA. Durante a administração de Donald Trump, por exemplo, os governos aproveitaram o conhecido ego e a personalidade interesseira do presidente, adotando táticas como escrever "cartas de amor" para ele, elogiá-lo em público e se hospedar nos hotéis da rede Trump.

Para avaliar líderes estrangeiros, a CIA tem um trabalho difícil — busca insights sobre pessoas que podem ter um amplo leque de traços pertinentes e podem revelar sua personalidade de forma seletiva ou criar uma fachada completamente falsa. Felizmente, a CIA tem tempo e recursos para fazer uma análise exaustiva, utilizando como base uma grande quantidade de material disponível ao público e consultando pessoas que interagiram com esses líderes. Quando estamos lidando com pessoas no cotidiano, inclusive estranhos que acabamos de conhecer, podemos ter pouco conhecimento sobre quem são. Na maioria das vezes, não vamos ter uma hora, nem mesmo quinze minutos, para reunir dados e chegar a uma avaliação razoavelmente detalhada e precisa de sua personalidade, como descrito nos capítulos anteriores. Podemos ter apenas alguns minutos, ou mesmo segundos. A ciência da personalidade é útil nesses casos? Há algum jeito de avaliar pessoas rapidamente, chegar a hipóteses provisórias sobre suas personalidades e estruturar nossas reações de maneira apropriada?

Na verdade, há. Em vez de tentar fazer uma avaliação rigorosa de personalidade da pessoa a nossa frente, podemos fazer o que chamo de **Avaliação Rápida de Personalidade**, observando-a por alguns segundos ou minutos para analisar que conjunto de traços de personalidade é *mais dominante*. Mentalizando o Mapa da Personalidade, podemos ficar alertas para pistas sutis no comportamento ou na fala que indiquem com quais traços específicos começar. Depois de identificarmos um traço dominante, podemos ajustar o que dizemos ou fazemos de modo a estimular a outra pessoa a pensar ou fazer o que desejamos. E à medida que os momentos passam e obtemos mais informações, podemos confirmar nossas impressões iniciais ou refiná-las, mudando, então, como nos comportamos.

AVALIAÇÃO RÁPIDA DE PERSONALIDADE

- Fique alerta aos sinais iniciais de personalidade, ajustando-os de acordo com o contexto.
- Analise suas opções.
- Confirme, revise ou aprofunde sua hipótese.
- Entre em ação.

Pense na situação da batida de carros. Ao começar a interação com o outro motorista, você pode conversar com ele por alguns segundos com o objetivo de obter qualquer detalhe importante a partir do que ele diz ou como diz (tom de voz, sotaque, velocidade com que fala e assim por diante). Você pode deduzir rapidamente que o nome do motorista é John e que ele é extremamente articulado e brilhante (ele fala depressa e usa um vocabulário amplo, por exemplo). Ao criar a hipótese de que ele seja mais forte na primeira caixa do Mapa da Personalidade, Intelecto, você pode engajá-lo a solucionar o problema com você e se concentrar em possíveis passos práticos e imediatos.

Ou digamos que John pareça amigável e acessível, mesmo nessa situação incomum. Ao criar a hipótese de que ele é forte em Sociabilidade, você pode tentar criar uma conexão amigável com ele, contando um pouco sobre sua vida antes de começarem a lidar com a situação.

Ou vamos supor que o tom de voz ou a reação de John sugira que ele seja uma pessoa sensível e que está realmente preocupado com seu bem-estar. Ao criar a hipótese de que ele é forte em Emocionalidade, é possível tornar suas próprias emoções mais visíveis, expressando seu choque ou ansiedade pelo que aconteceu ou seu alívio por ninguém ter se machucado.

As Avaliações Rápidas de Personalidade não substituem análises mais profundas. Elas são propensas a erro, então, se a situação permitir, sempre devemos aproveitar a oportunidade para reunir dados e avaliar personalidade de um jeito mais detalhado. Ainda assim, contar com as Avaliações Rápidas em momentos inesperados e potencialmente complicados aumenta significativamente a chance de lidarmos com a situação de maneira mais eficaz. Ao colocarmos as lentes da perceptividade e nos concentrarmos na tentativa de entender os outros, podemos nos comportar de formas que ressoem melhor e que nos permitam alcançar aquilo que queremos com frequência. Quanto mais praticarmos as Avaliações Rápidas de Personalidade, melhor será nossa precisão e, com isso, maior será nossa habilidade de exercer influência. No mínimo, adquirir o hábito de avaliar as personalidades rapidamente nos mantém hiperatentos à perceptividade, aprimorando nossa capacidade de fazer bons julgamentos em decisões mais importantes e ponderadas que precisaremos tomar.

FIQUE ALERTA AOS SINAIS

No filme *A identidade Bourne*, Jason Bourne, o agente da CIA cuja amnésia bloqueou sua identidade, se senta em um restaurante com uma pessoa que conheceu havia pouco tempo. Ao explicar sua desconcertante sensação de que é outra pessoa, ele se pergunta em voz alta por que fica sempre tão alerta ao ambiente. "Eu entro aqui", diz ele, "e a primeira coisa que faço é calcular ângulos de visão e procurar uma saída. Eu posso dizer a você a placa dos seis carros lá fora. Posso dizer que a garçonete é canhota, e o cara sentado ao balcão pesa 98 quilos e sabe se cuidar. Agora, por que eu saberia isso?"[6]

Discutimos neste livro como obter dados em situações sociais e obter insights sobre personalidade. Quando se trata de influenciar os outros (geralmente estranhos) durante encontros relativamente breves e espontâneos, eu gostaria de enfatizar a importância de reconhecer até os menores detalhes de como as pessoas falam, agem e se apresentam. Não somos todos agentes treinados da CIA que se esqueceram de suas identidades, mas ainda podemos manter o que cientistas cognitivos chamam de "consciência da situação", permanecendo alertas aos dados sobre pessoas que estão a nosso redor. Jogadores profissionais de pôquer fazem isso o tempo todo. Sentados em volta da mesa, eles procuram os mínimos gestos — se os outros jogadores fazem contato visual, se reagem rápido ou lentamente no jogo, se as mãos tremem, se são falantes ou não, o que estão dizendo — para avaliar o estado emocional dos outros jogadores e o tipo de mão que eles provavelmente têm.[7] Com essas informações, eles podem tomar decisões mais informadas e, se tudo der certo, de maior sucesso sobre a aposta.

Bons negociadores também sabem ler sinais verbais e não verbais para permanecer em contato com emoções. Especialistas acadêmicos e profissionais reconheceram a importância de estar atento aos estados emocionais de seus parceiros de negociação.[8] Alison Wood Brooks, professora da Harvard Business School, reconhece quanto é valioso acompanhar as emoções dos outros em negociações, aconselhando não apenas que os negociadores "fiquem atentos à linguagem corporal, ao tom de voz e à escolha de palavras do interlocutor", mas esclareçam emoções quando sua linguagem corporal não parece alinhada com o que está sendo dito.[9] Pessoas mais hábeis em reconhecer emoções com precisão têm melhores resultados em situações de negociação do que aquelas que não o fazem.[10]

É importante prestar muita atenção, pois sinais emocionais às vezes duram apenas uma fração de segundo. Quando as pessoas estão falando abertamente, sem nada a esconder, geralmente expressam emoções individuais por até quatro segundos — o que o pioneiro da psicologia Paul Ekman chamou de macroexpressões. Mas às vezes as pessoas não estão sendo totalmente sinceras conosco. Nessas situações, elas ainda podem indicar como realmente se sentem por meio de expressões faciais delicadas e quase imperceptíveis, que duram tão pouco quanto um trigésimo de segundo. Essas "microexpressões", como Ekman as chama, transmitem emoções básicas, como medo, nojo ou felicidade. Preste muita atenção às microexpressões e você poderá obter uma visão das verdadeiras emoções, crenças e personalidade, o que o ajudará a fazer bom julgamento e a lidar com os outros de maneiras mais bem informadas.[11] Por mais útil que o reconhecimento de emoções seja em negociações e outras situações espontâneas, estou sugerindo aqui que examinemos sinais verbais e não verbais de um jeito diferente — como um meio de avaliar traços básicos de personalidade (perceptividade), e não estados emocionais superficiais e passageiros (inteligência emocional). Se alguém está resistindo a um argumento sutil que estamos apresentando, é porque está frustrado no momento ou porque é temperamentalmente propenso a um pensamento restrito e binário? Se estivermos em uma situação de venda e um cliente está falante, alegre e positivo conosco, é porque ele gosta do que estamos vendendo ou é apenas seu estilo habitual, o jeito como interage com a maioria das pessoas? Essas são apenas algumas das muitas perguntas que podemos fazer quando buscamos sondar além das emoções superficiais para entender a personalidade básica.

É extremamente importante fazer essas perguntas, já que o conhecimento sobre a personalidade muitas vezes pode nos ajudar a reagir melhor do que a mera consciência de uma emoção. Se achamos que alguém está com raiva, estressado ou distraído, podemos tranquilizá-lo enquanto tentamos convencê-lo a se comportar ou agir como queremos. Podemos adotar um tom de voz calmo com a pessoa ou ter empatia com o que está sentindo, e então exprimir nosso ponto de vista ou fazer um pedido a ela. Mas se sabemos que ela é uma *pessoa* raivosa ou com tendência a ter pensamentos binários, talvez nem tentemos convencê--la de nosso ponto de vista — o esforço simplesmente será em vão. De forma semelhante, se pensarmos durante uma venda que alguém realmente gosta do que estamos oferecendo, podemos forçar ainda mais o fechamento do negócio ou tentar interessá-lo por produtos ou serviços. Se soubermos que a pessoa tem tendência a ser falante, alegre e positiva por natureza, podemos adotar uma abordagem mais contida para não parecer insistentes demais ou agressivos.

Adam Grant, psicólogo organizacional de Wharton e escritor, discutiu a importância de entender a personalidade dos outros quando se tenta convencê-los. Em seu livro *Pense de novo*, Grant mostra quão difícil é influenciar as pessoas a pensar de forma diferente, frequentemente devido à estrutura de sua personalidade.[12] A arrogância, a teimosia e o narcisismo dificultam a mudança de opinião de uma pessoa. Ignore esses traços de personalidade e você vai se sentir sempre frustrado ao encontrar opiniões aparentemente inflexíveis nos interlocutores. Por outro lado, se não perceber que uma pessoa tem mente aberta, é equilibrada e ávida por questionar as próprias crenças, defender sua argumentação de forma vigorosa pode ter efeito indesejado — você fica parecendo arrogante, teimoso ou alguém de mente fechada.

Eu um jantar a que compareci recentemente, um médico amigo meu começou a discursar sobre a cultura *"woke"*, falando com uma intensidade que raramente tinha visto nele. Para alguém que estivesse entreouvindo nossa conversa, meu amigo poderia soar como uma pessoa irritada e emocionada, com quem um debate racional parecia impossível. Eu poderia imaginar essa pessoa dispensando meu amigo com um aceno, ou, ao contrário, gritando sua aversão para ele e tentando superá-lo com um discurso contrário.

Eu sabia que ele era uma pessoa contida, inteligente e racional. Com base nesse julgamento, escolhi interagir com ele de forma substancial no tema em questão. Eu dissequei seus argumentos de um jeito sério e equilibrado, com comentários objetivos, razoáveis, informados e difíceis de refutar. Não tenho certeza se o convenci, mas sei que ele ouviu e pelo menos avaliou algumas das próprias suposições. A conversa animada entre nós reforçou nosso relacionamento em vez de desgastá-lo, como costumam fazer os debates políticos.

Proceder desse jeito não vai funcionar com todo mundo, mas conhecer a personalidade de meu amigo foi fundamental para minha estratégia. Na próxima vez que você estiver em uma conversa sobre política com alguém que não conhece bem, procure sinais comportamentais relacionados à personalidade. Se disseram a você que essa pessoa pode ter mente aberta e ser suscetível ao convencimento, vá em frente. Caso contrário, é melhor pensar duas vezes antes de conversar com ela.

DICAS DE PERSONALIDADE

Pode ser difícil ou mesmo impossível separar traços emocionais de traços essenciais da personalidade, mas cabe a nós tentar fazer isso da melhor forma possível. Quando conhecemos uma pessoa, podemos observar seu comportamento e tentar chegar a impressões rápidas e iniciais de sua personalidade. Embora essas impressões estejam suscetíveis a vieses cognitivos, pesquisas sugerem que elas na verdade estão frequentemente *certas*.[13] Um estudo pediu aos participantes que olhassem por uma fração de segundo para imagens de candidatos a governador e senador, entre eles o político que tinha vencido uma disputa e o que havia ficado em segundo. Com base nisso, os participantes tinham de escolher o melhor e mais competente. Na maioria das vezes, esses julgamentos sobre competência previram o resultado real das disputas para o governo estadual e o Senado.[14]

Para chegar a julgamentos rápidos e iniciais sobre personalidade e as partes dela que são mais pronunciadas ou com as quais as pessoas se apresentam, pode ser útil ficar atento a alguns dos sinais mais comuns para cada dimensão do Mapa da Personalidade — o que chamo de "quadro de dicas" sobre personalidade (**Figura 6**). Quando se trata da caixa nº 1, Intelecto, eu olho primeiro para a linguagem. Que tipo de vocabulário a outra pessoa está usando? Ela está dizendo palavras sofisticadas e usando gramática correta? Que pistas ela oferece sobre seu emprego ou carreira? Se você perceber que alguém é médico ou professor universitário, por exemplo, pode supor que possui inteligência acima da média. A linguagem também pode jogar luz sobre outros aspectos da inteligência, como quanto uma pessoa tem conhecimento de mundo (está falando sobre diversas culturas ou áreas de investigação?), se pensa em termos binários (está fazendo afirmações categóricas?), se tem pensamento lógico e linear (sua fala é confusa e cheia de digressões?) e quanto são curiosas (faz muitas perguntas?).

Quando se trata da caixa nº 2, Emocionalidade, o tom de voz importa. A pessoa está falando com calma, com uma notável falta de emoção, ou, ao contrário, sua voz é animada e expressiva (por exemplo, seu tom de voz varia, com muitas mudanças de volume e teor emocional)? Na fala, ela se concentra nas pessoas, usando *eu*, *você* e outros pronomes, ou foca em ideias ou questões? Pessoas que lideram em Emocionalidade tendem a se concentrar em pessoas e em suas experiências subjetivas. Sinais não verbais também ajudam. Suas expressões faciais são exageradas? Ela emite risos estridentes ou outros sons? Está suando muito em um ambiente em que a temperatura não é um fator e alguém comum não estaria especialmente ansioso? Caso sim, ou se ela estiver se remexendo muito, ou se encolhendo na cadeira e falando em voz baixa, você pode estar lidando com uma pessoa de temperamento ansioso — uma dimensão da Emocionalidade.

Para a caixa nº 3, Sociabilidade, presto atenção ao impacto interpessoal de um indivíduo. Ele faz contato visual com frequência e com facilidade? Fala alto ou baixo? Sorri e ri muito ou suas expressões faciais são mais contidas? Parece confortável ao me encontrar ou é cauteloso e contido? Responde a minhas perguntas de forma detalhada ou oferece respostas monossilábicas? Mantém distância de mim, se posicionando longe, ou parece mais confortável? Faz contato físico — estendendo a mão para apertar a minha ou tocar meu braço — ou é retraído?

Para identificar atributos relacionados à caixa nº 4, Motivação, preste atenção ao quão ávida ou agressiva a pessoa parece ser. Se ela estiver assumindo riscos na conversa e tentando superar você, talvez seja competitiva e motivada por vitórias. Por outro lado, se usa roupas extravagantes ou é falante e agitada, pode ser motivada por reconhecimento. Se tem um carro vistoso, talvez seja motivada pela perspectiva de enriquecer. Se ela se veste de forma conservadora ou usa joias com temas religiosos, suas crenças podem ser importantes para ela e motivar suas ações.

Em relação à caixa nº 5, Diligência, outros aspectos da aparência e do espaço que ocupa podem servir como sinais úteis. A pessoa está bem arrumada, com todos os fios de cabelo bem penteados? E como é seu escritório ou espaço pessoal? Ela é altamente organizada? É pontual ou chega com quinze minutos de atraso para reuniões? Parece ter boa memória para detalhes específicos? Isso pode dizer algo sobre sua capacidade intelectual, mas também pode sugerir atenção aos detalhes que contribui para a diligência. Se carrega uma bolsa, esta é bem-organizada? Ela chegou preparada para toda possibilidade (lenços de papel caso espirre, petiscos caso tenha fome e assim por diante)?

Ao prestar atenção a esses sinais durante os segundos iniciais do encontro com alguém, lembre-se: você não está tentando discernir imediatamente tudo sobre ele. Essas são sem dúvida — e intencionalmente — observações superficiais que não capturam a verdadeira essência de um indivíduo. Por exemplo, você pode achar que uma pessoa que acabou de conhecer sempre chega atrasada ou é tímida. Mas se tiver contato com ela por mais tempo, poderá descobrir que esses comportamentos surgem apenas em determinadas situações, e que outros comportamentos aparentemente conflitantes os superam. Tomar sua impressão inicial como julgamento final e abrangente seria um erro óbvio. Da mesma forma, essas observações iniciais são propensas à generalização excessiva e podem até levar à discriminação. Você não pode inferir a essência da personalidade de uma pessoa só porque ela se veste de determinada maneira e usa determinado vocabulário. Novamente, o objetivo aqui não é destilar toda a identidade de uma pessoa. Você só está procurando conseguir uma vantagem revelando um traço ou um conjunto de traços mais *importantes* com os quais uma pessoa se apresenta.

Assegure-se de ajustar suas impressões para levar em conta o contexto social ou cultural. As noções de contexto podem nos levar a esperar certos traços antes mesmo de nos envolvermos, o que nos permite testar e refinar nossas impressões rapidamente. O que começa como um mero estereótipo de nossa parte pode, em pouco tempo, se tornar um julgamento mais substantivo e confiável. Se estivermos fazendo entrevistas em uma empresa de tecnologia, podemos presumir que a maioria das pessoas que encontramos têm traços dominantes na caixa nº 1, Intelecto, por serem analíticas e até um pouco nerds. Quando nos encontramos com indivíduos específicos, podemos confirmar que isso é verdade ou observar quando *não* parece ser verdade. De qualquer maneira, a consciência de nossas expectativas nos leva a insights melhores sobre personalidade quando nossas noções preconcebidas se deparam com a pessoa a nossa frente.

Em boa parte do tempo, a atenção ao contexto também pode evitar que cometamos erros interpretativos. Se estivermos visitando um escritório corporativo e todo mundo está vestido de maneira formal, provavelmente não vamos interpretar o terno e a gravata usados pela pessoa que encontramos como evidência de um comportamento especialmente diligente e conservador (caixa nº 5). Se estamos em um funeral e todo mundo está triste e chorando, a pessoa com quem interagimos pode não ser introvertida e tímida simplesmente porque está falando baixo e evitando contato visual conosco (caixa nº 3: Sociabilidade). Se estivermos em uma reunião de vendas no fim da tarde e a pessoa a nossa frente parece distraída ou preocupada, isso não quer dizer que ela seja desorganizada (caixa nº 5), mas que a encontramos em um momento ruim — pode ser que esteja se preparando para ir embora do trabalho e tem de resolver um monte de pendências.

De modo mais geral, lembre-se de que cada pista que procuramos ler pode ser suscetível a múltiplas interpretações. Se estamos em um show de rock e todo mundo está usando jeans e camiseta, mas a pessoa que encontramos está suando dentro de um terno ou vestido formal (eu já vi e é hilário), isso pode sugerir uma inclinação para o conservadorismo (caixa nº 4) ou talvez uma estranheza ou desconforto social (caixa nº 3). Por outro lado, talvez fosse uma viagem em grupo e eles não sabiam o que estava planejado, embora três e-mails tivessem sido enviados sobre isso. Nesse caso, a roupa pode sugerir desorganização (caixa nº 5). Ao pensar sobre contexto, leve em conta suas nuances e implicações da forma mais completa possível no curto espaço de tempo disponível.

Da mesma forma, o fato de alguém estender uma mão firme para cumprimentar pode sugerir que é extrovertido e colaborativo e que tem traços dominantes em sociabilidade (caixa nº 3).[15] Mas se essa mão está suada, podemos achar que a pessoa é ansiosa ou insegura (caixa nº 2). Se esse aperto de mão for excessivamente firme, podemos achar que está tentando estabelecer domínio, talvez sugerindo competitividade ou tendência a valorizar a força física ou noções tradicionais de masculinidade (caixa nº 4). Devemos confiar em nossas impressões iniciais de determinado sinal, procurando pistas adicionais que possam sugerir uma interpretação em detrimento de outra. Tenha em mente que essa é apenas uma interpretação provisória, que pode ser revisada de minuto a minuto à medida que o encontro se desenrola.

Dimensão de personalidade	Alguns sinais indicativos
Intelecto	Vocabulário sofisticado, gramática correta; indicações de carreira; referências culturais; afirmações categóricas; pensamentos lógicos/lineares; perguntas frequentes
Emocionalidade	Tom de voz; foco na pessoa *versus* foco na ideia; expressões faciais exageradas; suor excessivo; inquietação
Sociabilidade	Geralmente falante; contato visual frequente; voz alta; sorrisos/risos frequentes; respostas extensas a perguntas; proximidade física; contato físico
Motivação	Busca superar os outros e se arrisca durante a conversa; usa roupas chamativas ou tem carro vistoso; comportamento ruidoso e agitado; estilo conservador; joias religiosas e/ou referências verbais
Diligência	Roupas ou espaço pessoal arrumados ou desarrumados; pontualidade; referências detalhadas na fala; bolsa extremamente organizada ou bagunçada; preparado para várias situações

Figura 6. Quadro de dicas de personalidade

REVISE SUAS OPÇÕES

Nos breves momentos após a primeira impressão, enquanto você forma sua hipótese inicial sobre as características principais de uma pessoa, comece a processar as implicações práticas do que está aprendendo. Que opções de ação estão abertas para você nessa situação? Levando em conta sua avaliação rápida da personalidade da pessoa, quais estratégias parecem mais promissoras?

Na maioria das situações, costumamos ter duas opções amplas ou classes de opções abertas a nós: nos envolvermos ou não. Podemos nos aproximar e continuar a conversa, ou terminar o encontro e ir embora. No exemplo do acidente de carro, pode-se simplesmente optar por ficar no veículo, fazer o mínimo contato com o outro motorista e esperar a chegada da polícia. Ou é possível sair do carro e começar uma conversa.

Caso opte pelo engajamento, é possível usar o insight obtido na leitura inicial da outra pessoa para ter uma resposta mais efetiva. Uma técnica familiar a bons vendedores de todo o mundo que pode ser utilizada é o que pesquisadores em psicologia chamam de espelhamento. Quando percebemos um aspecto predominante em alguém, nossa melhor opção geralmente é espelhá-lo de algum modo em nós mesmos. Ao projetar dimensões de personalidade familiares, conseguimos criar uma conexão ou ficar confortável com a pessoa, estabelecendo de forma sutil uma base semelhante.

Se você quer fechar uma venda e seu cliente em potencial parece ter uma personalidade hipercompetitiva, dê a ele vitórias aparentes. Deixe-o sentir que o derrotou em alguma coisa enquanto você mantém em mente o quadro geral. A mesma estratégia funciona ao contrário, quando alguém está tentando vender alguma coisa para você. Recentemente negociei a compra de um carro dando o meu antigo de entrada, e o vendedor era um cara jovem e um tanto agressivo. Dava para perceber que era um atleta (supus que ele tinha jogado hóquei ou lacrosse na faculdade) e parecia que tinha ido a chopadas uma ou duas vezes na vida. Era um cara simpático, sociável e ávido.

Esse vendedor me ofereceu o carro novo por um preço aceitável, mas, em minha opinião, subvalorizou o meu usado. Depois de diversas ofertas das duas partes, chegamos a um impasse, separados por cerca de 1,5 mil dólares. Reconhecendo que eu estava lidando com uma pessoa hipercompetitiva, usei uma abordagem diferente. Deixei que ele "ganhasse", concordando com o valor oferecido pelo meu carro, ao mesmo tempo que perguntei se podíamos reconsiderar o preço do carro novo. Eu ofereci 1,5 mil dólares a menos, e ele acabou concordando.

Nenhuma estratégia de influência se aplica a todas as situações. É preciso refinar nossa abordagem para atender às personalidades das pessoas que estamos tentando influenciar. Ao praticar a perceptividade usando as técnicas descritas aqui, você não vai necessariamente conseguir o que quer todas as vezes, mas sua habilidade geral de influenciar os outros vai aumentar. O melhor de tudo: essas pessoas nunca vão perceber isso.

OBTENHA MAIS INFORMAÇÕES

Nos primeiros segundos ou minutos de um encontro, depois de ter feito sua avaliação rápida de personalidade, use os dados disponíveis sobre a personalidade da pessoa para aperfeiçoar sua avaliação e pense na melhor maneira de interagir com ela. Seu objetivo aqui é desacelerar o tempo, analisando cuidadosamente os fatores de personalidade envolvidos antes de tomar uma decisão. Quando você ficar muito bom nessa habilidade, vai se sentir um pouco como Neo de *Matrix*: vai decodificar o mundo a sua volta com uma velocidade e uma precisão que parecem impossíveis. Na verdade, você estará apenas se adaptando mentalmente ao que seu instinto já está lhe dizendo. Quer chame isso de sentido-aranha, intuição ou detector de bobagens, você já está programado para captar nuances no comportamento dos outros e descobrir aspectos de sua personalidade. A perceptividade guia e acentua essa nossa habilidade arraigada, levando vigor, consciência e disciplina para ela.

Para ganhar tempo, crie conexão, como descrevi antes neste livro. Envolva a pessoa numa conversa-fiada, mesmo que por apenas um minuto ou mais. Fazer isso será vantajoso para você, não apenas porque será possível estabelecer uma ligação amigável com a outra pessoa, mas porque você poderá extrair dados novos, testando e refinando sua hipótese inicial. Advogados, mediadores, jogadores profissionais de pôquer e outras pessoas que precisam tomar decisões rápidas frequentemente utilizam as conversas para isso. Daniel Negreanu, um jogador de pôquer profissional (e canadense) é mestre nisso. Eu adoro vê-lo jogar pela TV sempre que posso. Outros jogadores profissionais se sentam à mesa como o Unabomber — usando óculos escuros, capuzes e muito impassíveis. Daniel é o oposto: amigável, prático, falante. Na verdade, ele parece não conseguir se calar, um fato que ele reconhece espontaneamente. E uma vez observou: "Sempre fui um cara falante. E isso não muda quando chego à mesa de pôquer. Se já me viu jogar na TV, você sabe disso. Eu converso muito. E um dos benefícios ou efeitos colaterais que obtenho disso é ter mais informação sobre quem estou enfrentando, certo?".[16]

Muitos jogadores de pôquer blefam, tornando mais difícil para seus adversários adivinharem as cartas que têm na mão. Mesmo assim, seus mínimos comportamentos ou mudanças físicas podem servir como "sinais", pistas que ajudam jogadores experientes a prever o que vai acontecer. Os muitos livros escritos sobre o assunto aconselham os jogadores a procurar sinais de mudanças momentâneas nas emoções dos adversários, como dilatação de pupilas, pulsação da veia do pescoço ou outros indícios de aumento repentino do ritmo cardíaco. As obras também aconselham os jogadores a procurarem certos comportamentos, como a tendência de um jogador a cobrir a boca. Supostamente isso indica que ele tem uma mão boa.

Na verdade, nenhum desses sinais tem qualquer significado a menos que você também tenha algum conhecimento da personalidade de seu adversário. Um jogador ansioso por natureza vai experimentar mudanças repentinas e visíveis no ritmo cardíaco que provavelmente nada têm a ver com as cartas que ele tem. Um jogador tímido é mais propenso do que os oponentes mais extrovertidos a cobrir a boca com a mão. Entender personalidade dá a você um ponto de referência para julgar comportamentos e, com tempo e habilidade, deduzir estados emocionais.

É claro que geralmente não temos tempo para avaliar completamente a personalidade de uma pessoa ao jogar pôquer. Nossa melhor aposta é usar toda informação que conseguimos e fazer nossos adversários falarem para obter mais dados. Como Negreanu reflete: "Estereotipar e criar perfis é obviamente uma coisa que não queremos fazer em sociedade, mas, à mesa de pôquer, qualquer informação que você possa conseguir sobre o adversário realmente conta".

Analisar perfis também ajuda no cotidiano, especialmente quando nos concentramos em obter informações sobre personalidade. Como já observei, devemos permanecer cientes de que nossas hipóteses são provisórias, com frequência enraizadas em estereótipos e muito possivelmente imprecisas. Na medida do possível, também temos de permanecer atentos às nossas crenças tendenciosas, que podem atrapalhar nosso julgamento e influenciar nossas impressões. Mais uma vez, o que buscamos nas situações do dia a dia não é o insight perfeito e infalível, que vai nos permitir reagir a tudo com sucesso. Só queremos *alguma* base para avançar que possa aumentar nossas chances de sucesso, nos dando uma vantagem.

Depois de jogar um pouco de conversa fora e chegar ao verdadeiro assunto do encontro, considere a possibilidade de mobilizar uma variação de uma tática discutida anteriormente neste livro: fazer uma pausa. Uma advogada de sucesso de Nova York, que virou minha cliente recentemente, me contou que durante negociações com outros advogados ela com frequência sugere que todos os presentes saiam da conversa e façam uma pausa para refletir. "Esperem um segundo", diz ela. "Vamos todos voltar atrás e nos lembrar de quais são nossos objetivos aqui."

Muitas vezes, o fato de sugerir uma pausa pode revelar informações relacionadas à personalidade que anteriormente tinham permanecido escondidas. O pedido de intervalo pode ser uma pequena surpresa para a outra pessoa — você terá uma reação sem filtro. Em uma negociação, a pausa pode permitir que as pessoas respirem fundo e baixem a guarda. O adversário de negociação de minha cliente pode revelar — por meio de apenas uma rápida frase ou movimento corporal — algo sobre suas emoções e personalidade básica. Minha cliente pode descobrir que o advogado oponente gosta de agradar às pessoas, procurando fazer um acordo a qualquer custo para deixar seu cliente feliz. Ela pode descobrir que ele é motivado por dinheiro e vai tentar atrasar as negociações para cobrar horas extras. Ela pode descobrir que ele é diligente por natureza e, portanto, se ela oferecer boa organização e foco no progresso todos vão chegar a uma negociação melhor. Fazer uma pausa muda o fluxo de uma interação social, permitindo que você aprofunde seus insights relacionados à personalidade dos outros.

Uma terceira tática a ter em mente é prestar atenção em como a pessoa com quem está interagindo se envolve com os outros. Em situações espontâneas, muitas vezes temos a chance de observar breves vislumbres de interação social, seja na forma como as pessoas tratam os outros a sua volta, ou como falam com seus parceiros, ou interagem com um policial ou outra pessoa em posição de autoridade. Esses momentos parecem inconsequentes ou mesmo enfadonhos — interlúdios durante os quais devemos esperar pacientemente antes que nosso próprio encontro com alguém continue. E mesmo essas interações sociais podem levar a insights valiosos que nos ajudam a moldar nosso julgamento.

JUNTANDO TUDO

Apresentei a Avaliação Rápida de Personalidade em forma de passos, mas em muitas situações você deve estar preparado para percorrer essas etapas com fluidez. A ordem exata não importa muito aqui — você deve apenas tentar mobilizar suas ferramentas de perceptividade da melhor maneira possível para julgar melhor a personalidade dos outros.

Quando meus filhos eram mais novos, eu os observava fazer isso instintivamente o tempo todo. No campo de futebol, no recreio, na aula de dança e em um acampamento, meus filhos faziam uma avaliação rápida das pessoas, muitas vezes surpreendentemente precisa (mas algumas não). Então eles usavam de forma natural as táticas indicadas aqui para aperfeiçoar sua visão. De fato, as crianças têm um sentido intuitivo para saber se alguém é bom ou mau, amigo ou inimigo. Eu acredito que devemos cultivar essas habilidades naturais da mesma forma que fazemos com outras habilidades, como a de analisar um problema ou considerar o ponto de vista dos outros.

Na próxima vez que você tiver uma entrevista de emprego, tente praticar a Avaliação Rápida de Personalidade. Digamos que você tenha quinze minutos com essa pessoa. Passe os primeiros conversando com ela, fazendo uma pergunta básica sobre o que ela fez no fim de semana ou o que está achando do tempo. Elabore uma teoria rápida de seu traço principal. Se ela parecer intelectual e analítica, comunique suas próprias habilidades de resolução de problema descrevendo um desafio que você enfrentou e explicando a lógica de como tentou resolvê-lo. Se parece ter como principal fator a emocionalidade, evoque emoção sorrindo muito e expressando quanto você ama a marca da empresa e é apaixonado por seus programas. Se parecer ter a sociabilidade como principal, converse por mais tempo para parecer envolvente e agregador. E assim por diante.

Aplicar a perceptividade no momento presente significa manter o Mapa da Personalidade em mente, tornando-se mais sintonizado em como os outros estão se comportando, e tornando-se mais reflexivo e deliberado sobre as nuances de seu próprio comportamento. Mais uma vez, esse método não é garantia de que você vá obter o que deseja. Em algumas situações, as pessoas já terão impressões tão fortes sobre você que nada vai mudá-las. Mas, em geral, você tem pelo menos algum espaço para moldar como os outros o veem. A perceptividade pode lhe dar uma vantagem em interações espontâneas, permitindo que você conduza conversas de formas desejáveis. E quanto mais durar o encontro, mais informações receberá sobre a outra pessoa, e mais poderá ajustar e refinar sua resposta.

Tenha em mente que a perceptividade é um exercício pessoal. Embora você possa concluir que consegue formar insights sobre a personalidade dos outros em videoconferências (ou por telefone, e-mail ou mensagem de texto), a verdade é que não consegue. Muitas informações são perdidas, e você com certeza vai cometer erros. As sutilezas no comportamento que diferenciam uma pessoa da outra simplesmente não são percebidas on-line. Você pode ter esperança de avaliar a personalidade de um possível parceiro por seu perfil em um aplicativo ou por um "encontro" digital, mas esse é um erro de amador. Guarde o celular e se encontre cara a cara com a pessoa.

Eu pratico Avaliações Rápidas de Personalidade o tempo inteiro, avaliando pessoas da melhor forma possível em um curto espaço de tempo e então respondendo de acordo. Quando digo às pessoas que sou psicólogo, elas frequentemente perguntam: "Ah, você está me analisando agora?". Na verdade, provavelmente eu esteja. A perceptividade se torna um músculo que flexiono imediatamente sempre que conheço alguém. Além de melhorar minhas habilidades como psicólogo e mentor, isso fez de mim um melhor entrevistador, vendedor e, com sorte, uma melhor companhia para jantar.

Ser capaz de avaliar os outros e reagir de maneira instantânea foi muito útil em momentos decisivos em minha vida e carreira. Deixe-me compartilhar um desses pontos de inflexão com você. Era 2014 e recebi um telefonema para fazer um trabalho com a NBA. A liga estava atravessando um momento de sucessão na liderança, quando David Stern deixou o cargo de comissário e seu substituto, Adam Silver, assumiu. Stern e Silver estavam pensando em me contratar para apoiar potencialmente a sucessão e aconselhar os dois em questões de liderança. Depois de algumas ligações com Adam, fui convidado a encontrar com os dois nos escritórios da liga em Midtown Manhattan, em Nova York.

Embora eu nunca tivesse conhecido nenhum dos dois executivos pessoalmente, já havia visto David na televisão. De repente eu estava esperando pela chegada dele em uma sala elegante, com vista para os prédios de Manhattan. David e Adam chegaram, e meu coração deu um pulo. David me pareceu incrivelmente carismático, inteligente e de fala educada. Adam me pareceu igualmente brilhante, porém de algum modo mais diplomático, contido e despretensioso. David conduziu a conversa, e eu rapidamente percebi que ele não era tímido. O mais impressionante é que ele tinha um jeito particular de se relacionar com os outros e avaliá-los — era extremamente direto em suas perguntas, embora o fizesse de um jeito carismático e até afetuoso. Seu estilo refletia uma confiança arraigada, e suspeitei de que ele me veria com maus olhos se eu não transmitisse uma confiança parecida. Eu precisava ter coragem com esse cara, enfrentá-lo de igual para igual e embarcar em uma batalha de inteligências.

Não demorou muito até que eu tivesse uma oportunidade. "Ah", disse ele em determinado momento, "vi que fez PhD na Universidade de York. Que diabos é a Universidade de York?" Reconhecendo a personalidade com a qual estava lidando, reagi de forma gentil, respondendo de maneira igualmente inteligente, e mostrei a ele que eu podia entrar em seu jogo. "Sabe de uma coisa?", eu disse. "Isso é um pouco como perguntar a LeBron James: 'O que os Cleveland Cavaliers têm de especial?'"

Essa resposta rápida foi um ponto de virada na conversa, o momento em que conquistei David. Ele riu, olhou para Adam, e disse: "Eu gosto desse cara". Consegui o trabalho e comecei a atuar junto das duas lendas do negócio dos esportes por vários anos. Algumas de minhas experiências profissionais mais significativas aconteceram com a NBA, e sou grato por ter tido essa oportunidade única. Ela me levou a trabalhar com outros CEOs de alto nível e serviu como catalisadora para o crescimento de minha empresa. Se eu tivesse respondido com mais hesitação à pergunta de David, tenho certeza de que não estaria onde estou hoje.

Você também pode conseguir avanços como esse em sua vida, mas para isso precisa praticar perceptividade. Preste muita atenção a seu entorno, usando o Mapa da Personalidade para obter hipóteses provisórias. Com base nesse conhecimento, você deve escolher com atenção comportamentos que de alguma forma espelhem elementos de personalidade que você encontra, mas que também pareçam autênticos em relação a quem *você* é. Ao dominar a Avaliação Rápida de Personalidade, você pode criar conexões melhores com outras pessoas e obter mais do que quer, não importa a situação ou com quem esteja lidando. Moldar seu comportamento desse jeito é a arte de tomar boas decisões.

PRINCIPAIS INSIGHTS

- A utilização das Avaliações Rápidas de Personalidade nos permite empregar insights sobre personalidade de forma instantânea e influenciar favoravelmente o comportamento das outras pessoas conforme desejamos.
- Para realizar uma Avaliação Rápida de Personalidade, fique alerta aos primeiros sinais de personalidade; faça ajustes de acordo com o contexto; analise suas alternativas; verifique, revise ou aprofunde sua hipótese; e então tome uma atitude.
- Nas Avaliações Rápidas de Personalidade observa-se os sinais verbais e não verbais para captar traços básicos de personalidade, e não para entender os estados emocionais imediatos dos outros, como negociadores e jogadores de pôquer costumam fazer.
- Identificar alguns sinais importantes de personalidade pode tornar a análise no momento mais fácil.
- Ao obter insights sobre a personalidade, tente espelhar o que vê e use isso para fazer um bom julgamento.

Conclusão

PERCEPTIVIDADE COMO UM HÁBITO

Quando encontro com alguém socialmente pela primeira vez e essa pessoa me pergunta o que eu faço, frequentemente sou questionado — de brincadeira, imagino — se a estou analisando no momento. Eu tenho algumas respostas-padrão e, para ser franco, nenhuma delas é muito inteligente. A verdade é que, sim, eu a *estou* analisando. Talvez não na medida em que ela suspeita, nem usando um vocabulário que ela acharia familiar, mas certamente estou observando e interpretando seu comportamento.

Durante o jantar, meu pai olha fixamente para um quadro na parede de minha sala de jantar. Quando pergunto se está tudo bem, ele diz que não consegue saber se ele está perfeitamente alinhado — acha que pode estar com uma diferença de um ou dois graus. O alarme soa em minha cabeça quando me lembro de seu olhar para detalhes. Um de meus amigos me pergunta se está tudo bem, porque ultimamente tenho parecido um pouco distraído. Isso, percebo imediatamente, é evidência de sua empatia e compaixão. Eu entro em contato com meu antigo orientador de doutorado depois de vinte anos porque o vi no X descrevendo uma linha fascinante de pesquisa na qual está trabalhando.

Conversamos sobre a possibilidade de escrever um livro juntos, e sou tomado por insights sobre seu profundo brilhantismo. Vejo meus filhos crescidos, Brandon, Aaron e Lauren, tocando guitarra ou cantando, e fico maravilhado com sua grande criatividade e expressividade.

Defendi neste livro que o bom julgamento é um superpoder que qualquer um pode cultivar, com implicações enormes em nossa carreira e vida. Ao empregar ciência moderna para avaliar a personalidade básica das pessoas, podemos tomar melhores decisões sobre pessoas no trabalho e em casa, melhorar a performance, construir e manter relacionamentos mais fortes e exercer mais influência no momento. Mas, como fui lembrado enquanto escrevia este livro, o bom julgamento não é uma ferramenta que usamos a nosso favor apenas quando precisamos dela. Em vez disso, é uma habilidade que construímos, cultivamos e aplicamos *constantemente e de forma contínua* enquanto seguimos pelo mundo, mesmo em momentos em que não estamos tentando contratar alguém, melhorar nossos relacionamentos, e assim por diante.

As cinco caixas, as estratégias de entrevista, o mapa de parceria, a Avaliação Rápida de Personalidade — essas e outras ferramentas que apresentei — precisam *viver* conosco, a ponto de se tornarem uma natureza secundária. Ao cultivar uma curiosidade insaciável por pessoas, ao adquirir o hábito de observá-las com atenção, e empregando uma metodologia rigorosa para interpretar seu comportamento, podemos nos tornar ainda melhores em perceptividade e continuar aprofundando nossos insights sobre aqueles a nosso redor.

Desenvolver a perceptividade como uma prática, e todo o foco e trabalho árduo que isso implica, pode ser mais do que você esperava quando pegou este livro. Deixe-me garantir uma coisa: os benefícios que você receberá com isso valem a pena. Pense em todos os valiosos insights que obterá ao encarar cada jantar, reunião ou conversa informal como uma oportunidade de coletar novos dados sobre personalidade, ao mesmo tempo que aprofundará a compreensão da própria personalidade e seus vieses preconcebidos.

À medida que você fizer da perceptividade um hábito arraigado, não verá resultados apenas em decisões que envolvem pessoas. Você também vai se desenvolver. Afinal de contas, sua personalidade é a soma das escolhas que fez ao longo da vida. Tomar decisões mais acertadas sobre indivíduos e aprender com seus erros vai torná-lo mais sábio e fazer com que reconheça os próprios preconceitos e aprenda a corrigi-los. Além disso, por compreender melhor o significado de um comportamento na personalidade de alguém, você se tornará mais tolerante e empático, reconhecendo diferentes comportamentos e mostrando compreensão.

Sei que percorri um longo caminho desde que era criança e comecei a jogar "O jogo" com minha mãe no metrô de Toronto. Sou um pai, um marido, um líder e um empreendedor melhor — tudo porque me mantive fiel à perceptividade e ao trabalho constante para melhorar minha habilidade de ler pessoas. Não sou perfeito, de jeito nenhum, mas estou melhor.

Fazer da perceptividade um hábito também melhora sua vida porque o ajuda a se sentir com os pés no chão. O mundo, especialmente o das mídias sociais, é volátil e incerto. O que é real e o que não é? Em quem você pode realmente confiar? Praticada ao longo do tempo, a perceptividade nos dá muito mais clareza. Se a vida chega até nós depressa, as ferramentas que apresentei ajudam a desacelerá-la, de modo a torná-la mais decifrável. Nós ainda vamos cometer erros, vamos confiar ou fazer parcerias com pessoas inadequadas, mas nos tornaremos cada vez mais capazes de eliminar o ruído e perceber os sinais significativos que as pessoas dão. Essa clareza permite o sentimento de confiança e controle, o que, por sua vez, pode melhorar nossa tomada de decisão. Em vez de nos sentirmos constantemente esmagados pelo medo, a ponto de ele influenciar e restringir nossas escolhas, podemos analisar nossas opções de forma mais calma e racional.

Perspectiva, empatia, clareza, maturidade, autoconfiança: o que estamos descrevendo aqui é uma *sabedoria* maior. Grande parte das pessoas associa sabedoria com intelecto, com conhecimento sobre o mundo, ou com a habilidade de adotar uma perspectiva de longo prazo. Mas a sabedoria também traz insights maiores sobre as pessoas. Podemos supor que essas percepções vêm com a experiência, e isso é verdade. Mas também podemos acelerar esse processo, aprendendo a tirar mais proveito de todas as interações que temos com as pessoas.

Hoje em dia, é tentador enterrar o rosto no celular e ignorar os outros. Com a chegada da inteligência artificial, parece ainda mais tentador concentrar nossa atenção na tecnologia. Não faça isso. Dedique-se ainda *mais* a entender as pessoas a sua volta. Permaneça curioso sobre o comportamento humano. Investigue mais sua própria personalidade. Como descobri, observar pessoas e ver o que as move não é brincadeira de criança, nem meramente uma ferramenta que podemos usar para progredir. Quando você faz da observação um hábito e a cultiva a longo prazo, ela pode se tornar uma maneira profunda, empoderadora e enriquecedora de viver.

AGRADECIMENTOS

Este livro levou anos para ficar pronto. Sem dúvida aprendi a ter meu bom julgamento com meus pais, Allan e Elaine Davis. Sou eternamente grato por sua sabedoria, amor e apoio ao longo de toda a minha vida. Meu irmão, Kevin, também foi uma fonte profunda de insights e conselhos. Um dos principais valores que nossos pais passaram para nós desde a infância foi a importância de uma educação plural. Encontrei meu caminho para a psicologia de um jeito bem tortuoso, mas é mais provável que a psicologia tenha me encontrado. Não há nada mais fascinante para mim que entender por que as pessoas são como são. Na verdade, fui abençoado por ter uma carreira significativa como psicólogo organizacional, e gostaria de agradecer a todos que me ensinaram as habilidades profissionais que inspiraram o conteúdo deste livro. Entre eles estão Gordon Flett, Avi Besser, Peter Stephenson e Esther Gelcer. Também os psicólogos e líderes incríveis na Kilberry, que realmente elevaram minha performance: Katherine Alexander, Anuradha Chawla, Rebecca Slan Jerusalim, Henryk Krajewski, Aleka MacLellan, Navio Kwok, Kristen Scott e Jacob Hammer. Essa equipe, e o vínculo que criamos ao longo da vida na Kilberry, significa muito para mim. Agora podemos levar essa energia para nossos novos amigos da Russell

Reynolds, e estou muito empolgado com isso. Também agradeço às seguintes pessoas, as quais respeito profundamente e que contribuíram para os insights deste livro: David Hopkinson, Les Viner, Adam Silver, Adam Grant, Kerry Chandler, Kelly Pereira, Michael Medline, Michael McCain, Jeff Rosenthal, Michael Levine, Michael Hollend, Julie Tattersall, Karen Gordon, Constantine Alexandrakis, Todd Safferstone, Ivan Bart, e minha família ampliada: Nancy, Howie, Steve e Sue.

Este livro não teria se concretizado sem meu incrível parceiro de escrita, Seth Schulman, que é um verdadeiro profissional e um cara muito legal. Também sou grato a Jim Levine, Rachel Kambury e Hollis Heimbouch por sua sabedoria e excelência. Tenho muita sorte de ter toda essa equipe de profissionais ao meu lado.

Gostaria de destacar a importância que meus amigos tiveram em me manter são enquanto escrevia este livro, e, na verdade, durante a maior parte de minha vida desde o ensino médio. Kevin Rotenberg, Jordy Silver, Elliott Levine, Jason Berenstein, Adam Donsky e Jeff Litman — obrigado por estarem sempre presentes e por todas as risadas ao longo do caminho.

Finalmente gostaria de agradecer a minha família. Embora minha mulher, Eva, não seja psicóloga, ela provavelmente é a pessoa que tem as melhores percepções sobre os outros. Apesar de seu bom senso, ela concordou em dividirmos nossas vidas juntos quase trinta anos atrás, e sou incrivelmente grato por isso. Nossos filhos, Brandon, Aaron e Lauren, editaram este livro involuntariamente, ouvindo e respondendo aos meus discursos nos últimos anos. Eles são a inspiração para tudo o que faço, no trabalho e fora dele.

NOTAS

CAPÍTULO 1: PERSONALIDADE > QE

1. Higher Emotional Intelligence Leads to Better Decision-Making. Rotman School of Management, Universidade de Toronto, 19 nov. 2013. Disponível em: www.sciencedaily.com/releases/2013/11/131119153027.htm. Acesso em: 16 jan. 2025. CHAUHAN, S. P.; CHAUHAN, Daisy. Emotional Intelligence: does it influence decision making and role efficacy? *Indian Journal of Industrial Relations*, v. 43, n. 2, p. 217-238, 2007. Disponível em: www.jstor.org/stable/27768129; SHATTUCK, Randy. Five Reasons Professional Service Leaders Should Prize EQ Over IQ. *Forbes*, 7 set. 2022. Disponível em: www.forbes.com/councils/forbescoachescouncil/2022/09/07/five-reasons-professional--service-leaders-should-prize-eq-over-iq/. Acesso em: 16 jan. 2025.

2. The Most In-Demand Leadership and Management Skills. *Wharton Online*, Wharton School, 30 jun. 2020. Disponível em: online.wharton.upenn.edu/blog/most-in-demand--leadership-and-management-skills/. Acesso em: 16 jan. 2025; LANDRY, Lauren. Why Emotional Intelligence Is Important in Leadership. *Business Insights*, Harvard Business School, 3 abr. 2019, Disponível em: online.hbs.edu/blog/post/emotional-intelligence--in-leadership. Acesso em 16 jan. 2025. MEINERT, Dori. Emotional Intelligence is key to outstanding leadership. Acesso em: 16 jan. 2025. *SHRM*, 23 fev. 2018. Disponível em: www.shrm.org/hr-today/news/hr-magazine/0318/pages/emotional-intelligence--is-key-to-outstanding-leadership.aspx. Acesso em: 16 jan. 2025.

3. RUBINSTEIN, Dana. The nº 1 Skill Eric Adams is looking for (it's not on a résumé), *New York Times*, 8 dez. 2021. Disponível em: www.nytimes.com/2021/12/18/nyregion/eric-adams-emotional-intelligence.html. Acesso em: 16 jan. 2025.

4. PRATER, Nia. Eric Adams's approval rating is falling. *New York*, 1º fev. 2023. Disponível em: nymag.com/intelligencer/2023/02/eric-adamss-approval-rating-is-falling.html. Acesso em: 16 jan. 2025.

5. Did you know that most emotions last 90 seconds? Emotions Come and Go; However, feelings can last a long time!, *Care Clinics*. Disponível em: https://care-clinics.com/ did-you-know-that-most-emotions-last-90-seconds/. Acesso em: 16 jan. 2025.

6. WHITCOMB, Isobel. Does your personality change as you get older? *Live Science*, 23 ago. 2023. Disponível em: www.livescience.com/personality-age-change.html. Acesso em: 16 jan. 2025.

7. A brief history of Emotional Intelligence. *Socialigence*. Disponível em: www.socialigence. net/blog/a-brief-history-of-emotional-intelligence/. Acesso em: 16 jan. 2025

8. GARDNER, Howard. *Frames of Mind: the theory of multiple intelligences*. Nova York: Basic Books, 2011. [Ed. bras.: *Estruturas da mente: A teoria das inteligências múltiplas*. Tradução de Sandra Costa. Porto Alegre: ArtMed, 2009].

9. WATERHOUSE, Lynn. Multiple Intelligences, the Mozart Effect, and Emotional Intelligence: a critical review. *Educational Psychologist*, v. 41, n. 4, p. 207-225, 2006. DOI:10.1207/s15326985ep4104_1.

10. WHITMAN, Gretchen M. Learning Styles: lack of research-based evidence. *Clearing House: a journal of educational strategies, issues and ideas*, v. 96, n. 4, p. 111-115, 2023. DOI:10.1080/00098655.2023.2203891.

11. SALOVEY, Peter; MAYER, John D. Emotional Intelligence. *Imagination, Cognition, and Personality*, v. 9, n. 3, p. 185-211, 1989-90.

12. *Idem*. Emotional Intelligence. *Sage*, v. 9, n. 3, 1990. Disponível em: doi.org/10.2190/ DUGG-P24E-52WK-6CDG. Acesso em: 16 jan. 2025.

13. 4 business ideas that changed the world: Emotional Intelligence. *HBR Ideacast* (podcast), 27 out. 2022. Disponível em: https://hbr.org/podcast/2022/10/4-business-ideas-that- -changed-the-world-emotional-intelligence. Acesso em: 16 jan. 2025.

14. GOLEMAN, Daniel. *Emotional Intelligence: why it can matter more than IQ*. Nova York: Bantam Books, 2020. Edição de 25 anos. [Ed. bras.: *Inteligência emocional: a teoria revolucionária que redefine o que é ser inteligente*. Tradução de Marcos Santarrita. Rio de Janeiro: Objetiva, 2011].

15. *Ibidem*, p. 37-38.

16. *Ibidem*, p. 30, 32.

17. Ver capa da revista *Time*, 2 out. 1995.

18. GOLEMAN, Daniel. What Makes a Leader. *Harvard Business Review*, jan. 2004. Disponível em: hbr.org/2004/01/what-makes-a-leader. Acesso em: 16 jan. 2025

19. BRADBERRY, Travis. Increasing your salary with emotional intelligence. *Talent* SmartEQ. Disponível em: www.talentsmarteq.com/articles/increasing-your-salary-with-emotional- -intelligence/. Acesso em: 16 jan. 2025. Ver também EVANS, Lisa. Why emotionally intelligent people make more money. *Fast Company*, 13 jan. 2015. Disponível em: www. fastcompany.com/3040732/why-emotionally-intelligent-people-make-more-money. Acesso em 16 jan. 2025.

NOTAS | 245

20. Jack Welch: the GE titan who embodied the flaws in modern capitalism. *The Guardian*, 8 mar. 2020. Disponível em: https://www.theguardian.com/business/2020/mar/08/jack-welch-general-electric-chairman-flaws-capitalism; Fortune Lists Tough Bosses, *UPI*, 18 jul. 1984. Disponível em: www.upi.com/Archives/1984/07/18/Fortune-lists--tough-bosses/4419458971200/. Acesso em: 16 jan. 2025.

21. Jack Welch, Four E's (a Jolly Good Fellow). *Wall Street Journal*, 23 jan. 2004. Disponível em: www.wsj.com/articles/SB107481763013709619. Acesso em: 16 jan. 2025.

22. BOHNE, Raphael. Share of organizations conducting training in Emotional Intelligence worldwide in 2019, by type. *Statista*. Disponível em: www.statista.com/statistics/1074201/share-organizations-conducting-emotional-intelligence-training--worldwide/. Acesso em: 16 jan. 2025.

23. Seventy-one percent of employers say they value Emotional Intelligence over IQ, according to CareerBuilder Survey. *CareerBuilder*, 18 ago. 2011. Disponível em: www.careerbuilder.ca/share/aboutus/pressreleasesdetail.aspx?id=pr652&sd=8%2f18%2f2011&ed=8%2f18%2f2099. Acesso em: 16 jan. 2025.

24. GOODWIN, Doris Kearns. Lincoln and the Art of transformative leadership. *Harvard Business Review*, set.-out. de 2018. Disponível em: https://hbr.org/2018/09/lincoln--and-the-art-of-transformative-leadership. Acesso em 16 jan. 2025.

25. SINGHAL, Meghna. 6 things emotionally intelligent parents do differently. *Psychology Today*, 3 jan. 2021. Disponível em: https://www.psychologytoday.com/intl/blog/the--therapist-mommy/202101/6-things-emotionally-intelligent-parents-do-differently. Acesso em 16 jan. 2025; WANG, Li. Exploring the relationship among teacher emotional intelligence, work engagement, teacher self-efficacy, and student academic achievement: a moderated mediation model. *Frontiers in Psychology*, 3 jan. 2022. Disponível em: https://www.frontiersin.org/journals/psychology/articles/10.3389/fpsyg.2021.810559/full. Acesso em: 16 jan. 2025.

26. HANSON, Bo. Emotional Intelligence in sports for elite athletes. *Athlete Assessments*, 29 jun. 2023. Disponível em: www.athleteassessments.com/emotional-intelligence-in--sports/. Acesso em: 16 jan. 2025.

27. GARDINER, Alistair. Emotional Intelligence: why doctors need to develop this skill. *MD Linx*, 21 dez. 2021. Disponível em: www.mdlinx.com/article/emotional-intelligence--why-doctors-need-to-develop-this-skill/dQHuxsoFAvYS0QBBPXBA0. Acesso em 16 jan. 2025.

28. Emotional Intelligence: why all police officers need it civil service success. *Civil Service Success*, 20 mar. 2020. Disponível em: civilservicesuccess.com/emotional-intelligence--why-all-police-officers-need-it/. Acesso em 16 jan. 2025.

29. WINTRIP, Lisa. Emotional Intelligence in today's world of accountancy. *LinkedIn*, 21 out. 2020. Disponível em: https://www.linkedin.com/pulse/emotional-intelligence--todays-world-accountancy-lisa-wintrip/. Acesso em 16 jan. 2025; SCALZO, Lauren. Emotional Intelligence: why you need it, and how you can increase it. *Stepping Stone*, ago. 2016. Disponível em: www.soa.org/globalassets/assets/library/newsletters/

stepping-stone/2016/august/stp-2016-iss63-scalzo.pdf. Acesso em 16 jan. 2025; DUGGAN, Wayne. For investors, Emotional Intelligence is as important as IQ. *U.S. News & World Report*, 13 dez. 2016. Disponível em: https://money.usnews.com/investing/articles/2016-12-13/for-investors-emotional-intelligence-is-as-important--as-iq?int=news-rec. Acesso em 16 jan. 2025.

30. KOYN, Brian. First in Emotional Intelligence: George Washington during the Newburgh Conspiracy. *All Things Liberty*, 2 jun. 2022. Disponível em: allthingsliberty.com/2022/06/first-in-emotional-intelligence-george-washington-during-the-newburgh--conspiracy/. Acesso em: 16 jan. 2025; DEUTSCHENDORF, Harvey. 5 Emotional Intelligence tips we can learn from one of America's wisest leaders . *Fast Company*, 14 maio 2014. Disponível em: www.fastcompany.com/3030544/5-emotional-intelligence--tips-we-can-learn-from-one-of-americas-wisest-leaders. Acesso em: 16 jan.2025; GRANT, Adam. The dark Side of Emotional Intelligence. *The Atlantic*, 2 jan. 2014. Disponível em: www.theatlantic.com/health/archive/2014/01/the-dark-side-of--emotional-intelligence/282720/. Acesso em: 16 jan. 2025.

31. MAYER, John D.; SALOVEY, Peter; CARUSO, David R. Emotional Intelligence: new ability or eclectic traits? *American Psychologist*, v. 63, n. 6, p. 503-517, set. 2008.

32. *Ibidem.*

33. Ver, por exemplo, LANDY, Frank J. Some historical and scientific issues related to research on Emotional Intelligence. *Journal of Organizational Behavior*, v. 26, n. 4, p. 411-424, jun. 2005; SCHULTE, Melanie J.; REEE, M.; SCHULTE, M. J. Emotional Intelligence: not much more than G and personality. *Personality and Individual Differences*, v. 37, n. 5, p. 1059-1068, out. 2004.

34. ANTONAKIS, John. Emotional Intelligence: what does it measure and does it matter for leadership? *Game-Changing Designs*: research-based organizational change strategies, LMX Leadership, v. 7, editado por G. B. Graen. Greenwich, Connecticut: Information Age, 2010. p. 7.

35. ANTONAKIS, John. Why Emotional Intelligence does not predict leadership effectiveness: a comment on PRATI, Douglas; FERRIS, Ammeter; BUCKLEY, *International Journal of Organizational Analysis*, v. 11, n. 4, p. 355-361, 2003. Disponível em: www.emerald.com/insight/content/doi/10.1108/eb028991/full/html. Acesso em 16 jan. 2025.

36. SCHULTZ, Howard. Message from Howard Schultz: love, responsibility are core to my relationship with Starbucks. *Starbucks Stories*, 16 mar. 2022. Disponível em: stories.starbucks.com/stories/2022/message-from-howard-schultz-love-responsibility-are-core--to-my-relationship-with-starbucks/. Link não disponível no momento da tradução. Ver também NADELLA, Satya. *Hit refresh: the quest to rediscover Microsoft's soul and imagine a better future for everyone.* Nova York: HarperBusiness, 2019. p. xi [Ed. bras.: *Aperte o F5: A transformação da Microsoft e a busca de um futuro melhor para todos.* Tradução de Cristina Yamagami. São Paulo: Benvirá, 2018]. Tenha em mente que demonstrar emoções ou ser uma pessoa sensível são apenas um aspecto do QE cientificamente válido.

37. FINKELSTEIN, Sydney. *Superbosses*: how exceptional leaders master the flow of talent. Nova York: Portfolio, 2019. p. 25-29. Ellison aparentemente melhorou conforme sua carreira avançava. Ver ROOKE, David; TORBERT, William R. Seven transformations of Leadership. *Harvard Business Review,* abr. 2005. Disponível em: hbr.org/2005/04/seven-transformations-of-leadership. Acesso em: 16 jan. 2025.

38. MAYER, John D.; SALOVEY, Peter; CARUSO, David R. Emotional Intelligence: new ability to eclectic traits? *American Psychologist*, v. 63, n. 6, p. 507, set. 2008.

39. CONTE, Jeffrey M. A Review and critique of Emotional Intelligence measures. *Journal of Organizational Behavior*, v. 26, n. 4, p. 433-440, jun. 2005; BRANDT, Chris. University of Toronto psychologists suggest EQ is not real. *University Herald*, 30 nov. 2016. Disponível em: www.universityherald.com/articles/52410/20161130/eq-emotional-quotient.htm. Acesso em 16 jan. 2025.

40. LOCKE, Edwin. Why Emotional Intelligence is an invalid concept. *Industrial and Organizational Behavior*, v. 26, n. 4, p. 425-431, jun. 2005. DOI:10.1002/job.318.

41. FIORI, Marina; ANTONAKIS, John. The ability model of Emotional Intelligence: searching for valid measures. *Personality and Individual Differences*, v. 50, n. 3, p. 329-334, fev. 2011. DOI:10.1016/j.paid.2010.10.010.

42. GRANT Adam. Dark side of Emotional Intelligence, *op. cit.*

43. AMINOV, Iskandar *et al.* Decision making in the age of urgency. *McKinsey & Company*, 30 abr. 2019. Disponível em: www.mckinsey.com/capabilities/people-and-organizational-performance/our-insights/decision-making-in-the-age-of-urgency. Acesso em 16 jan. 2025.

44. Nearly three in four employers affected by a bad hire, according to a recent CareerBuilder Survey. *CareerBuilder*, 7 dez. 2017. Disponível em: press.careerbuilder.com/2017-12-07-Nearly-Three-in-Four-Employers-Affected-by-a-Bad-Hire-According-to-a-Recent-CareerBuilder-Survey; HALF, Robert. Half of workers surveyed have quit due to a bad boss. *PR Newswire*, 8 out. 2019. Disponível em: https://www.prnewswire.com/news-releases/half-of-workers-surveyed-have-quit-due-to-a-bad-boss-300933362.html. Acesso em 16 jan. 2025.

45. DELFINO, Devon. The percentage of businesses that fail — and how to boost your chances of success. *LendingTree*, 8 mar. 2023. Disponível em: www.lendingtree.com/business/small/failure-rate/. Acesso em 16 jan. 2025.

46. LEVIN, Marissa. The 5 nonnegotiable factors of any successful partnership. *Inc.*, 14 jun. 2017. Disponível em: https://www.inc.com/marissa-levin/the-5-most-important-strategies-for-creating-a-successful-business-partnership.html. Acesso em: 16 jan. 2025.

47. LUSCOMBE, Belinda. The divorce rate is dropping: that may not actually be good news. *Time*, 26 nov. 2018. Disponível em: time.com/5434949/divorce-rate-children-marriage-benefits/. Acesso em 16 jan. 2025.

48. Uma definição de personalidade a descreve como: os padrões individuais e característicos de pensamento, emoção e comportamento, junto com os mecanismos psicológicos — ocultos ou não — por trás desses padrões. FUNDER, David C. *The personality puzzle*. 5. ed. Nova York: Norton, 2010. p. 5.

248 | A CIÊNCIA DAS BOAS DECISÕES

49. MAYER, John D. *Personal intelligence: the power of personality and how it shapes our lives.* Nova York: Scientific American/Farrar Straus & Giroux, 2014. p. 23.

50. HØYERSTEN, Jon Geir. From Homer to Pinel: the concept of personality from antiquity until 1800 AD. *Nordic Journal of Psychiatry*, v. 51, n. 5, 1997. Disponível em: www.tandfonline.com/doi/abs/10.3109/08039489709090734. Acesso em: 16 jan. 2025. MAYER, John D. *Personal intelligence*, p. 4.

51. CROCQ, Marc-Antoine. Milestones in the history of personality disorders. *Dialogues in Clinical Neuroscience*, v. 52, n. 2, p. 147-153, jun. 2013. Disponível em: www.ncbi.nlm.nih.gov/pmc/articles/PMC3811086/. Acesso em: 16 jan. 2025.

52. Encyclopaedia Britannica, *humour*. Disponível em: www.britannica.com/science/humor-ancient-physiology; SMITH, Matthew. Balancing your humors. *Psychology Today*, 2 nov. 2013. Acesso em: 16 jan. 2025. Disponível em: https://www.psychologytoday.com/intl/blog/short-history-mental-health/201311/balancing-your-humors. Acesso em: 16 jan. 2025.

53. WALDORF, Sarah. Physiognomy, the beautiful pseudoscience. *Getty*, 8 out. 2012. Disponível em: https://blogs.getty.edu/iris/physiognomy-the-beautiful-pseudoscience/. Acesso em: 16 jan. 2025.

54. FUNDER, David C., *Personality Puzzle*, p. 183.

55. ACKERMAN, Joshua M.; HUANG, Julie Y.; BARGH, John A. Evolutionary perspectives on social cognition. *Handbook on Social Cognition*, p. 458-480, 2012. Disponível em: doi.org/10.4135/9781446247631. Acesso em: 16 jan. 2025.

56. MAYER, John D. *Personal Intelligence*, p. 3.

57. ROGERS, Katherine H.; BIESANZ, Jeremy C. Reassessing the good judge of personality. *Journal of Personality and Social Psychology*, v. 117, n. 1, p. 197, 2019. DOI:10.1037/pspp0000197.

58. ZELL, Ethan; LESICK, Tara L. Big Five personality traits and performance: a quantitative synthesis of 50+ meta-analyses. *Journal of Personality*, v. 90, n. 4, p. 559-573, ago. 2022. Disponível em: doi.org/10.1111/jopy.12683. Acesso em: 16 jan. 2025. BARRICK, Murray R.; MOUNT, Michael K. The Big Five personality dimensions and job performance: a meta-analysis. *Personnel Psychology*, v. 44, n. 1, p. 1-26, 1991. Disponível em: doi.org/10.1111/j.1744-6570.1991.tb00688.x. Acesso em: 16 jan. 2025.

59. CHRISTIANSEN, Neil D. *et al*. The good judge revisited: individual differences in the accuracy of personality judgments. *Human Performance*, v. 18, n. 2, p. 140-141, abr. 2005.

60. Por exemplo, ver WARTZMAN, Rick; TANG, Kelly. What good leadership looks like now *vs*. pre-covid. *Wall Street Journal*, 17 set. 2022. Disponível em: https://www.wsj.com/articles/what-good-leadership-looks-like-now-vs-pre-covid-11663180016. Acesso em: 16 jan. 2025.

61. Nossa habilidade de julgar personalidades também pode depender, em certa medida, do fato de as pessoas que queremos julgar serem mais ou menos legíveis, se traços

especíﬁcos são mais ou menos identiﬁcáveis, e se temos à disposição dados suﬁcientes sobre pessoas para fazer julgamentos. FUNDER, David C. *Personality puzzle*, p. 198-208.

CAPÍTULO 2: O MAPA DA PERSONALIDADE

1. Ver, por exemplo, GALLO, Amy. 38 smart questions to ask in a job interview. *Harvard Business Review*, 19 maio 2022. Disponível em: https://hbr.org/2022/05/38-smart--questions-to-ask-in-a-job-interview.; CASTRILLO, Karina; TEMPERA, Jacqueline; INKS, Lexi. 150 best questions to ask on a ﬁrst date, according to relationship experts. *Women's Health*, 23 jun. 2023. Disponível em: www.womenshealthmag.com/relationships/a28141816/questions-to-ask-on-ﬁrst-date/. Acesso em: 16. jan. 2025; SUTTON, Megan; SHEARING, Lois; ARON, Isabelle. 29 ﬁrst date questions to keep the conversation ﬂo- wing. *Cosmopolitan*. Disponível em: www.cosmopolitan.com/uk/love-sex/relationships/a9603966/ﬁrst-date-questions/. Acesso em 16 jan. 2025; BRYANT, Adam. How to hire the right person. *New York Times*. Disponível em: https://adambryantbooks.com/articles/. Acesso em: 16 jan. 2025.
2. LARSON, Randy J.; BUSS, David M. *Personality psychology: domains of knowledge about human nature*. 6. ed. Dubuque, Iowa: McGraw-Hill Education, 2018. p. 63.
3. FUNDER, David C., *Personality puzzle*, p. 230.
4. McADAMS, Dan P. What do we know when we know a person. *Journal of Personality*, v. 63, n. 3, p. 365-396, set. 1995.
5. FUNDER, David C., *Personality puzzle*, p. 241.
6. DIGMAN, John M. The curious history of the Five Factor Model. *The Five-Factor Model of Personality*: theoretical perspectives, editado por Jerry S. Wiggins. Nova York: Guilford Press, 1996. p. 1.
7. O psicólogo anglo-americano Raymond Cattell estimou o número em dezesseis, publi- cando o ainda utilizado teste de personalidade 16PF. DIGMAN, John M. The curious history of the Five Factor Model, *op. cit.*, p. 6.
8. *Ibidem*, p. 5-11.
9. GOLDSTEIN, Gerald; HERSEN, Michel. Historical perspectives. *In*: GOLDSTEIN, Gerald; HERSEN, Michel (Ed.). *Handbook of Psychological Assessment*. 3. ed. Londres: Pergamon, 2000. Cap. 1; p. 3-17. Disponível em: doi.org/10.1016/B978-008043645-6/50079-3. Acesso em 16 jan. 2025. Sobre a controvérsia em torno do teste de Rorschach, ver SEARLS, Damion. Can we trust the Rorschach Test? *The Guardian*, 21 fev. 2017. Disponível em: www.theguardian.com/science/2017/feb/21/rorschach-test-inkblots--history. Acesso em 16 jan. 2025; What's behind the Rorschach Inkblot Test? *BBC*, 25 jul. 2012. Disponível em: www.bbc.com/news/magazine-18952667. Acesso em 16 jan. 2025. Ver também WIGGINS, Jerry S. *Paradigms of Personality Assessment*. Nova York: Guilford Press, 2003. p. 53-54.

250 | A CIÊNCIA DAS BOAS DECISÕES

10. DAWES, Robyn M. *House of Cards: psychology and psychotherapy built on myth.* Nova York: Free Press, 1994. p. 152-153.

11. McADAMS, Dan P., *What do we know*, p. 372.

12. DIGMAN, John M., *Curious history*, p. 13.

13. Baseio essas descrições dos Cinco Grandes no Departamento de Psicologia do American Women's College da Universidade de Bay Path e no capítulo 19 de *Theories of Personality*, de Michelle McGrath, Disponível em: https://open.baypath.edu/psy321book/. Acesso em: 16 jan. 2025.

14. MOUNT, Michael K.; BARRICK, Murray R.; STEWART, Greg L. Five-Factor Model of personality and performance in jobs involving interpersonal interactions. *Human Performance*, v. 11, n. 2-3, p. 145-165, 1998. Disponível em: https://www.tandfonline. com/doi/abs/10.1080/08959285.1998.9668029. Acesso em: 16 jan. 2025.

15. ASHTON, M. C.; LEE, K. HEXACO Personality Inventory: revised (HEXACO-PI-R) *In*: *Encyclopedia of Personality and Individual Differences*. Editado por V. Zeigler-Hill e T. Shackelford. Cham, Suíça: Springer, 2017. doi.org/10.1007/978-3-319-28099-8_900-1.

16. DE RAAD, Boele *et al*. Only three factors of personality description are fully replicable across languages: a comparison of 14 trait taxonomies. *Journal of Personality and Social Psychology*, v. 98, n. 1, p. 160-173, jan. 2010. DOI:10.1037/a0017184, PMID: 20053040.

17. LYNAM, Donald R. *et al*. Little evidence that honesty-humility lives outside of FFM agreeableness. *European Journal of Personality*, v. 34, n. 4, p. 530-531, 2020.

18. DAVIS, Richard A.; FLETT, Gordon L.; BESSER, Avi. Validation of a new scale for measuring problematic internet use: implications for pre-employment screening. *Cyberpsychology & Behavior*, v. 5, n. 4, p. 331-345, 5 jul. 2004. Disponível em: https:// www.liebertpub.com/doi/10.1089/109493102760275581. Acesso em: 16 jan. 2025.

19. RHOLES, Steven W.; SIMPSON, Jeffry A. Attachment theory: basic concepts and contemporary questions. *In*: RHOLES, W. S.; SIMPSON, J. A. (Ed.). *Adult attachment: theory, research, and clinical implications*. Nova York: Guilford, 2004. p. 3-14.

20. ISAACSON, Walter. *Elon Musk*. Nova York: Simon & Schuster, 2023. [Ed. bras.: *Elon Musk*. Tradução de Rogerio W. Galindo e Rosiane de Freitas. Rio de Janeiro: Intrínseca, 2023].

21. KING, Hope. Elon Musk opens up about growing up with Asperger's. *Axios*, 15 abr. 2022. Disponível em: www.axios.com/2022/04/15/elon-musk-aspergers-syndrome. Acesso em 16 jan. 2025.

22. COUNTS, Aisha; MALONEY, Tom. Twitter Is now worth just 33% of Elon Musk's purchase price, fidelity says. *Bloomberg*, 30 maio 2023. Disponível em: www.bloomberg. com/news/articles/2023-05-30/twitter-is-worth-33-of-musk-s-purchase-price-fidelity- -says. Acesso em: 16 jan. 2025.

23. The Leadership Psychology of Linda Yaccarino: a new hope for Twitter? *Medium*, 31 maio 2023. Disponível em: https://medium.com/@receptiviti/the-leadershi-psychology- -of-linda-yaccarino-a-new-hope-for-twitter-7c67db1015c3. Acesso em: 16 jan. 2025.

NOTAS | 251

CAPÍTULO 3: OS SEGREDOS PARA CONVERSAS REVELADORAS

1. JUBB, Greg. Under Armour answers questions about the SpeedForm Running Shoe. *Holabird Sports*, 31 jul. 2013. Disponível em: www.holabirdsports.com/blogs/news/under-armour-answers-questions-about-the-speedform-running-shoe; Under Armour Doubles-Down on Connected Footwear; Unveils New Line of UA Record Equipped Running Shoes. *Under Armour*, 14 dez. 2016. Disponível em: https://about.underarmour.com/investor-relations/news-events-presentations/corporate-news/id/12256. Acesso em: 16 jan. 2025.

2. Ver, por exemplo, TURKLE, Sherry. *Reclaiming conversation: the power of talk in a digital age*. Nova York: Penguin, 2015.

3. GILL, Kate. South Korea's street lights up as road safety for pedestrians that stare at their phones while crossing. *Independent*, 24 out. 2021. Disponível em: www.independent.co.uk/tv/lifestyle/south-korea-pedestrian-lights-crossing-vf6032e7b. Acesso em: 16 jan. 2025.

4. WATERMAN, Alan. Identity development from adolescence to adulthood: an extension of theory and a review of research. *Developmental Psychology*, v. 18, n. 3, p. 341-358, 1982. DOI:10.1037/0012-1649.18.3.341.

5. McADAMS, Dan P. the psychology of life stories. *Review of General Psychology*, v. 5, n. 2, p. 100-122, 2001. Disponível em: doi.org/10.1037/1089-2680.5.2.100. Disponível em: 16 jan. 2025.

6. GOSLING, Samuel D. *et al*. A room with a cue: personality judgments based on offices and bedrooms. *Journal of Personality and Social Psychology*, v. 82, n. 3, p. 379-398, 2002. Estereótipos que podemos ter também afetam a precisão de nossos julgamentos de personalidade com base no ambiente.

7. BANAJI, Mahzarin R.; GREENWALD, Anthony G. *Blindspot*: hidden biases of good people. Nova York: Delacorte Press, 2013.

8. DANZIGER, Shai; LEVAV, Jonathan; AVNAIM-PESSO, Liora. Extraneous factors in judicial decisions. *Proceedings of the National Academy of Sciences*, v. 108, n. 17, p. 6889-6892, 2011. Disponível em: http://dx.doi.org/10.1073/pnas.1018033108. Acesso em: 16 jan. 2025.

CAPÍTULO 4: A COISA CERTA

1. Cientistas levantaram diversas objeções ao teste de Myers-Briggs. Por exemplo, espera-se que testes científicos sejam reproduzíveis. Se forem feitos diversas vezes, a expectativa é obter o mesmo resultado. Cerca de metade das pessoas tem resultados diferentes se fizer o Myers-Briggs novamente, tornando seus resultados sem significado. Cientistas também observam a escassez de evidências, sugerindo uma relação entre resultados do

252 | A CIÊNCIA DAS BOAS DECISÕES

teste de Myers-Briggs e resultados reais no local de trabalho. Os próprios fundamentos conceituais do teste são falhos. O teste de Myers-Briggs se propõe a indicar seu tipo de personalidade com base nas teorias de Carl Jung. Mas, como as pesquisas mostraram, os tipos de personalidade na verdade não existem. As pessoas não são extrovertidas, intuitivas, pensadoras, sentimentais ou uma combinação desses tipos, como os defensores do teste de Myers-Briggs gostariam que acreditássemos, mas têm traços em um espectro, manifestando-os de forma distinta e em diferentes níveis, dependendo do contexto. Ver GRANT, Adam. Say goodbye to MBTI, the fad that won't die. *LinkedIn*, 17 set. 2013. Disponível em: https://www.linkedin.com/pulse/20130917155206-69244073-say--goodbye-to-mbti-the-fad-that-won-t-die/. Acesso em: 16 jan. 2025; STROMBERG, Joseph; CASWELL, Estelle. Why the Myers-Briggs test is totally meaningless. *Vox*, 2015. Disponível em: www.vox.com/2014/7/15/5881947/myers-briggs-personality--test-meaningless. Acesso em: 16 jan. 2025.

2. TIERNEY, John. A match made in the code. *New York Times*, 11 fev. 2013. Disponível em: https://www.nytimes.com/2013/02/12/science/skepticism-as-eharmony-defends--its-matchmaking-algorithm.html. Acesso em: 16 jan. 2025; ASA Ruling on eHarmony UK Ltd, Advertising Standards Authority, 3 jan. 2018. Disponível em: www.asa.org.uk/rulings/eharmony-uk-ltd-a17-392456.html. Acesso em: 20 jan. 2025.

3. TULSHYAN, Ruchika. Don't hire for culture fit. *Society for Human Resource Management Executive Network*, 15 mar. 2022. Disponível em: www.shrm.org/executive/resources/articles/pages/dont-hire-for-culture-fit-tulshyan.aspx. Acesso em: 16 jan. 2025.

4. ONES, Deniz S. *et al*. Support of personality assessment in organizational settings. *Personnel Psychology*, v. 60, n. 4, p. 995-1027, 2007. Disponível em: doi.org/10.1111/j.1744-6570.2007.00099.x. Acesso em: 16 jan. 2025.

5. When Hiring Execs, Context Matters Most. *Harvard Business Review*, set.-out. 2017. Disponível em: hbr.org/2017/09/when-hiring-execs-context-matters-most. Acesso em: 16 jan. 2025.

6. EICHENWALD, Kurt. Microsoft's lost decade. *Vanity Fair*, 24 jul. 2012. Disponível em: www.vanityfair.com/news/business/2012/08/microsoft-lost-mojo-steve-ballmer. Acesso em: 16 jan. 2025.

CAPÍTULO 5: PREPARANDO RELACIONAMENTOS PARA O SUCESSO

1. TALLIA, Alfred F. *et al*. Seven characteristics of successful work relationships. *Family Practice Management*, v. 13, n. 1, p. 47-50, 2006. Disponível em: www.aafp.org/pubs/fpm/issues/2006/0100/p47.html. Acesso em: 16 jan. 2025; SEPPÄLÄ, Emma; McNICHOLS, Nicole K. The power of healthy relationships at work. *Harvard Business Review*, 21 jun. 2022. Disponível em: https://hbr.org/2022/06/the-power-of--healthy-relationships-at-work. Acesso em: 16 jan. 2025; How to build good working

relationships at work. *Indeed*, 2024. Disponível em: www.indeed.com/career-advice/starting-new-job/how-to-build-good-working-relationships. Acesso em: 16 jan. 2025.

2. Ver, por exemplo, BYFORD, Mark; WATKINS, Michael D.; TRIANTOGIANNIS, Lena. Onboarding isn't enough. *Harvard Business* Review, maio-jun. 2017. Disponível em: https://hbr.org/2017/05/onboarding-isnt-enough. Acesso em: 16 jan. 2025.

CAPÍTULO 6: MELHORANDO A PERFORMANCE

1. WHITE, Phil; BUCKLAND, Sarah; LYMAN, Amy. Discover who you are: and own it. *Gallup*. Disponível em: www.gallup.com/cliftonstrengths/en/253850/cliftonstrengths--for-individuals.aspx. Acesso em: 16 jan. 2025. Ver também: BUCKINGHAM, Marcus; CLIFTON, Donald O. *Now, discover your strengths*: the revolutionary Gallup Program that shows you how to develop your unique talents and strengths. 20. ed. Nova York: Gallup, 2020 [Ed. bras.: *Descubra seus pontos fortes*. Tradução de Mário Molina. Rio de Janeiro: Sextante, 2017].

2. Este parágrafo combina textos do site de Hogan e uma cópia que apareceu em um relatório verdadeiro do teste de Hogan de 2013. Ver Hogan Development Survey. *Hogan Assessments*. Disponível em: www.hoganassessments.com/assessment/hogan--development-survey/. Acesso em 16 jan. 2025. Ver também Subscale Interpretive Guide. *Hogan Assessments*. Disponível em: www.hoganassessments.com/sites/default/files/uploads/HDS_Subscale_Interp_Guide_10.2.14.pdf. Acesso em: 16 jan. 2025. 11 ways to wreck your career. *Hogan Assessments*, 11 jan. 2015. Disponível em: www.hoganassessments.com/wp-content/uploads/2015/01/11_Ways_HDS_eBook.pdf. Acesso em 16 jan. 2025.

3. McLAUGHLIN, Amara. Goodbye ACC, Hello Scotiabank Arena! Home of Leafs, raptors has new name. *CBC News*, 2018. Disponível em: www.cbc.ca/news/canada/toronto/air-canada-centre-renamed-scotiabank-arena-1.4732410. Acesso em: 16 jan. 2025.

CAPÍTULO 7: INFLUENCIANDO OS OUTROS

1. LANCELEY, F. J. Antisocial personality as a hostage-taker. *Journal of Police Science and Administration*, v. 9, n. 1, p. 28-34, mar. 1981. Disponível em: www.ojp.gov/ncjrs/virtual--library/abstracts/antisocial-personality-hostage-taker. Acesso em: 16 jan. 2025. Ver também STRENTZ, T. Inadequate personality as a hostage taker. *Journal of Police Science and Administration*, v. 11, n. 3, p. 363-368, set. 1983. Disponível em: www.ojp.gov/ncjrs/virtual-library/abstracts/inadequate-personality-hostage-taker. Acesso em: 16 jan. 2025.

2. LANCELEY, F. J. Antisocial personality as a hostage-taker, *op. cit*. Ver também STRENTZ, T. Inadequate personality as a hostage taker, *op. cit*.

3. What makes a tyrant tick? Ask a political psychologist. *Yale Medicine Magazine*, 2004. Disponível em: https://medicine.yale.edu/news/yale-medicine-magazine/article/what-makes-a-tyrant-tick-ask-a-political/. Acesso em: 16 jan. 2025.
4. HOFMANN, Thorsten. Distant profiling: knowing how your opponent works. *C4 Institute*, Quadriga University Berlin, 16 jan. 2019. Disponível em: https://negotiation-blog.eu/distant-profiling-knowing-how-your-opponent-works/. Acesso em: 16 jan. 2025.
5. What makes a tyrant tick?, *op. cit.*
6. A IDENTIDADE Bourne. Direção: Doug Liman. EUA: Universal Studios Home Entertainment, 2008. Vídeo (120 min).
7. ANGIONI, Giovanni. Common poker tells: how to read people in poker. *Poker News*, 4 dez. 2019. Disponível em: www.pokernews.com/strategy/10-hold-em-tips-5-common--poker-tells-to-look-for-25433.htm. Acesso em: 16 jan. 2025.
8. KATZ, Neil H.; SOSA, Adriana. The emotional advantage: the added value of the emotionally intelligent negotiator. *Conflict Resolution Quarterly*, v. 33, n. 1, p. 57-74, 2015. Disponível em: doi.org/10.1002/crq.21127. Acesso em: 16 jan. 2025; CHAMORRO--PREMUZIC, Tomas. The personality traits of good negotiators. *Harvard Business Review*, 7 ago. 2017. Disponível em: hbr.org/2017/08/the-personality-traits-of-good--negotiators. Acesso em: 16 jan. 2025.
9. BROOKS, Alison Wood. Emotion and the art of negotiation. *Harvard Business Review*, dez. 2015. Disponível em: hbr.org/2015/12/emotion-and-the-art-of-negotiation. Acesso em: 16 jan. 2025.
10. ELFENBEIN, Hillary Anger *et al*. Reading your counterpart: the benefit of emotion recognition accuracy for effectiveness in negotiation. *Journal of Nonverbal Behavior*, v. 31, p. 205-223, 2007. Disponível em: doi.org/10.1007/s10919-007-0033-7. Acesso em: 16 jan. 2025.
11. EKMAN, Paul. Facial Expressions. *In*: FERNÁNDEZ-DOLS, José-Miguel; RUSSELL, James A. (Eds.). *The Science of Facial Expression*: social cognition, and social neuroscience. Nova York: Oxford University Press, 2017. p. 39-56. Disponível em: doi.org/10.1093/acprof:oso/9780190613501.003.0003. Acesso em: 16 jan. 2025.
12. GRANT, Adam. *Think again*: the power of knowing what you don't know. Nova York: Viking, 2021. [Ed. bras.: *Pense de novo: O poder de saber o que você não sabe*. Tradução de Carolina Simmer. Rio de Janeiro: Sextante, 2021].
13. Para pesquisas que sugerem a precisão de primeiras impressões, ver NAUMANN, Laura P. *et al*. Personality judgments based on physical appearance. *Personal and Social Psychology Bulletin*, v. 35, n. 12, p. 1661-1671, dez. 2009. Disponível em: doi.org/10.1177/0146167209346309. Acesso em: 16 jan. 2025. Para pesquisas que sugerem a falta de precisão ou a variação em primeiras impressões, ver TODOROV, Alexander; PORTER, Jenny M. Misleading first impressions: different for different facial images of the same person. *Psychological Science*, v. 25, n. 7, p. 1404-1417, jul. 2014. DOI:10.1177/0956797614532474. Frequentemente não conseguimos distinguir se

nossos julgamentos de personalidade são precisos ou não: AMES, Daniel R. *et al.* Not so fast: the (not-quite-complete) dissociation between accuracy and confidence in thin-slice impressions. *Personality and Social Psychology Bulletin,* v. 36, n. 2, p. 264-277, fev. 2010. Disponível em: https://journals.sagepub.com/doi/10.1177/0146167209354519. Acesso em: 16 jan. 2025.

14. BALLEW II, Charles C.; TODOROV, Alexander. Predicting political elections from rapid and unreflective face judgments. *National Academy of Sciences,* v. 104, n. 46, p. 17948-17953, 2007. Disponível em: doi.org/10.1073/pnas.0705435104. Acesso em: 16 jan. 2025.

15. GINO, Francesca. To negotiate effectively, first shake hands. *Harvard Business Review,* 4 jun. 2014. Disponível em: hbr.org/2014/06/to-negotiate-effectively-first-shake-hands. Acesso em: 16 jan. 2025.

16. NEGREANU, Daniel. Table Talk. *Masterclass.* Disponível em: www.masterclass.com/classes/daniel-negreanu-teaches-poker/chapters/table-talk. Acesso em: 16 jan. 2025.

Este livro foi impresso pela Vozes, em 2025, para a HarperCollins Brasil.
O papel do miolo é avena 80g/m^2 e o da capa é cartão 250g/m^2.